鎌倉幕府と室町幕府
最新研究でわかった実像

山田徹　谷口雄太
木下竜馬　川口成人

光文社新書

はじめに――熱い時代の先に

今、室町幕府が熱い。

室町幕府といえば、日本史のなかでいえば、マイナーで、耳慣れない存在のはずだった。だが二〇一〇年代の後半から、応仁《おうにん》の乱や観応《かんのう》の擾乱《じょうらん》、中先代《なかせんだい》の乱など室町時代を扱った新書がヒットし、室町幕府・足利《あしかが》氏についての概説書や、室町時代を舞台にするマンガも多く出るようになった。空前の室町ブームが訪れているのだ。

しかしこれは、決して根無し草のバブル現象ではない。実はこれに先立つ二〇〇〇年代前半から、日本史研究者の中で、研究の上での室町ブームが起こっていたのである。学界での室町ブームにおいては、当時の若手研究者が次々と清新な論文を発表し、先行研究を塗り替えていった。現在の一般書などにおける室町ブームの基礎に、学界での室町ブームの成果があるのだ。それは若い研究者たちの熱い時代であった。

筆者たち四人はいずれも一九八〇年代生まれであり、学界での室町ブームを担った世代の最末、ないしその次の世代に属する。かつての学界での室町ブームの熱を、一般の読者のみなさま、そしてさらに次の世代に伝えたい——われらはそう願い、本書を執筆しようと思い立った。

本書では近年（ここ二〇年程度）の室町ブームの達成と課題を明らかにするため、先行する武家政権である鎌倉幕府とあえて比較し、両者の特徴を浮き彫りにする手法を取る。ここで、両幕府について簡単にまとめておこう。

一二世紀末の源平合戦（治承《じしょう》・寿永《じゅえい》の内乱）を経て、源《みなもとのよりとも》頼朝によって東国《とうごく》に樹立されたのが鎌倉幕府である。初期は頼朝とその子息が幕府を率いたが、源氏の将軍は三代で絶え、京都の摂関家の子弟、次いで天皇の子弟である親王が将軍として擁立されるようになる。将軍が弱体化するなか執権の北条氏が実権を握るようになり、得宗《とくそう》（北条氏の家督《かとく》）が実質的な鎌倉幕府のトップとなった。文永《ぶんえい》の役《えき》・弘安《こうあん》の役という二度の蒙古襲来を退けたのは、鎌倉武士の武勇を伝えるものとして名高い。しかし、後醍醐《ごだいご》天皇の挙兵により、元弘《げんこう》三年

（正慶《しょうけい》二年、一三三三）に突如滅亡するに至る。

鎌倉幕府滅亡に端を発する一四世紀なかばの南北朝内乱のなか、足利尊氏《たかうじ》によって京都に開かれたのが室町幕府である。その後、足利氏が一五代にわたって将軍の地位に就いた。三代将軍義満《よしみつ》の金閣や八代将軍義政《よしまさ》の銀閣など、将軍たちの文化的な遺産は今でも親しまれている。一方、初期は南北朝時代、末期は戦国時代というふたつの戦乱の時期にはさまれており、室町時代は大なり小なりの戦乱が断続的に起こり続けた時代であった。応仁《おうにん》・文明《ぶんめい》の乱によって頂点に達し、幕府は有名無実の存在になった。

一般的なイメージはだいたい以上のようなものではないか。こうしてみると、屈強・質実剛健な鎌倉幕府とは裏腹な、軟弱で内輪もめばかりしていた室町幕府という図式になってしまい、いかにも弱々しい印象を与える。だがそれは事実なのであろうか。最新の研究はさまざまな意味で常識を裏切るものだ。

鎌倉幕府と室町幕府の比較というと、「頼朝と尊氏、どちらが優秀か？」「一ノ谷《いちのたに》の合戦と湊川《みなとがわ》の合戦、戦略がすぐれていたのはどっちだ？」という話題ならば、歴史ファンの口にものぼるかもしれない。しかし本書では、どちらかといえば、人物、合戦、事件などではなく、制度や権力構造などに重きを置く。決して人や事件といった個別的要素を軽視するわけではない。しかし、一〇〇年二〇〇年のスケールで時代や組織を比較するためには、個別的要素からまずは離れ、構造的要素から迫っていく必要がある。学問としての歴史学が注力してきたのはまさにこの点にあり、研究史の高い頂《いただき》を形づくっている。本書は武将や戦いの名のみならず、論文や研究者、あるいは「〇〇体制論」「〇〇史観」というちょっとお固い用語も出てきてしまうが、それは日々進歩する研究の熱さを伝えようとしたためである。もちろん、構造的要素を踏まえたうえで、それでは説明しきれない個別的要素もみていく必要があるが、そのこころみは本書の各所でなされている。

以上の観点から、本書は両幕府を比較するポイントを、以下の三点に絞りたい。

第一は、幕府と公家・寺社との関係である。天皇を中心に貴族たちが構成する公家政権（朝廷）、そして寺社を含めたものは、武家と対比されるかたちで公家勢力と呼ばれる。武家と公家との関係は中世・近世を通じた国制のもっとも重要なトピックだが、そこで両幕府はどのような違いを見せるのだろうか。それを第一章「部分的な存在としての鎌倉幕府」（木下竜馬）と第二章「公・武の関係をどうとらえるか」（山田徹）で考察する。

第二は、地方支配である。両幕府とも守護を各国に設置し地方を支配していたが、同じ名でも実態には大きな違いがある。両幕府の守護についての研究成果を、第三章「鎌倉時代の

「守護」とは何だったのか」（木下）と第四章「守護は地方にいなかった？」（谷口雄太）で検討する。

第三は、その滅亡である。反乱により一瞬で瓦解《がかい》した鎌倉幕府と、有名無実といわれながら戦国時代の一〇〇年間しぶとく存続した室町幕府は、まさに正反対である。この対照的な現象にどのような問いが立てられてきたかを、第五章「滅亡は必然か？　偶然か？」（木下）と第六章「存続と滅亡をめぐる問い」（川口成人）で吟味する。

各章では、これまでの研究の軌跡を追い、近年（ここ二〇年程度）の研究における成果を各筆者独自の視点でまとめる。各章の執筆者は、いずれも鎌倉あるいは室町幕府の研究者だが、担当テーマについて必ずしも真正面から研究してきたものではない。しかし、もし仮に自分の専門そのものについてまとめるとなると、単なる自説の繰り返しに陥ってしまう可能性がある。簡単ではないけれども、あえて専門より少し離れたところから既存の研究に挑むことで、あらたな視角から研究史を見直すことができるのではないか、という狙いによるものである。よって執筆者が変われば当然視点も内容も変わってくるだろうから、ここに書かれたことがすべてではない。なお、研究史に絡む業績を網羅的に整理するものではないので、論文を列挙するようなことはせず、要点をまとめて流れを提示することを重視する。以上の点をお断りしておきたい。

以上の六章の分析を踏まえ、執筆者同士でざっくばらんに議論する座談会「鎌倉幕府と室町幕府はどちらが強かったのか?」を最後に収録した。座談会では、鎌倉幕府と室町幕府の比較、近年の研究に共通するある視角、そして学問としての歴史学の今後などを論じ、室町ブームの成果をまとめ、次への展望を模索するものになっている。

本書の執筆のため、有志による研究会のかたちをとって、三度の準備会を行った。新型コロナウイルス感染症の世界的流行のため、準備会、および各章執筆後の座談会などは一切オンラインで行い、編集作業等も非対面でなされた。孤独と不安が支配するこの時代、かかる学問的なつながりをもてたことは忘れがたい思い出になるだろう。本書の企画を立ち上げていただいた寡黙なる古川遊也氏、およびそれを引き継ぎ、万事をお取り計らいいただいた敏腕なる田頭晃氏に感謝の意を表したい。

二〇二二年一月

執筆者一同

鎌倉幕府と室町幕府／目次

座談会　鎌倉幕府と室町幕府はどちらが強かったのか？

図版・目次・章扉デザイン　椚田祥仁

伊豆	静岡
駿河	
遠江	
三河	愛知
尾張	
美濃	岐阜
飛騨	
信濃	長野
甲斐	山梨
越後	新潟
佐渡	
越中	富山
能登	石川
加賀	
越前	福井
若狭	

国名	現都道府県名
陸奥	青森
	岩手
	宮城
	福島
出羽	秋田
	山形
安房	千葉
上総	
下総	
常陸	茨城
下野	栃木
上野	群馬
武蔵	埼玉
	東京
相模	神奈川

筑前	福岡
筑後	
豊前	大分
豊後	
日向	宮崎
大隅	鹿児島
薩摩	
肥後	熊本
肥前	佐賀
壱岐	長崎
対馬	

阿波	徳島
土佐	高知
伊予	愛媛
讃岐	香川
備前	岡山
美作	
備中	
備後	広島
安芸	
周防	山口
長門	
石見	島根
出雲	
隠岐	
伯耆	鳥取
因幡	

近江	滋賀
山城	京都
丹後	
丹波	
但馬	兵庫
播磨	
淡路	
摂津	
和泉	大阪
河内	
大和	奈良
伊賀	三重
伊勢	
志摩	
紀伊	和歌山

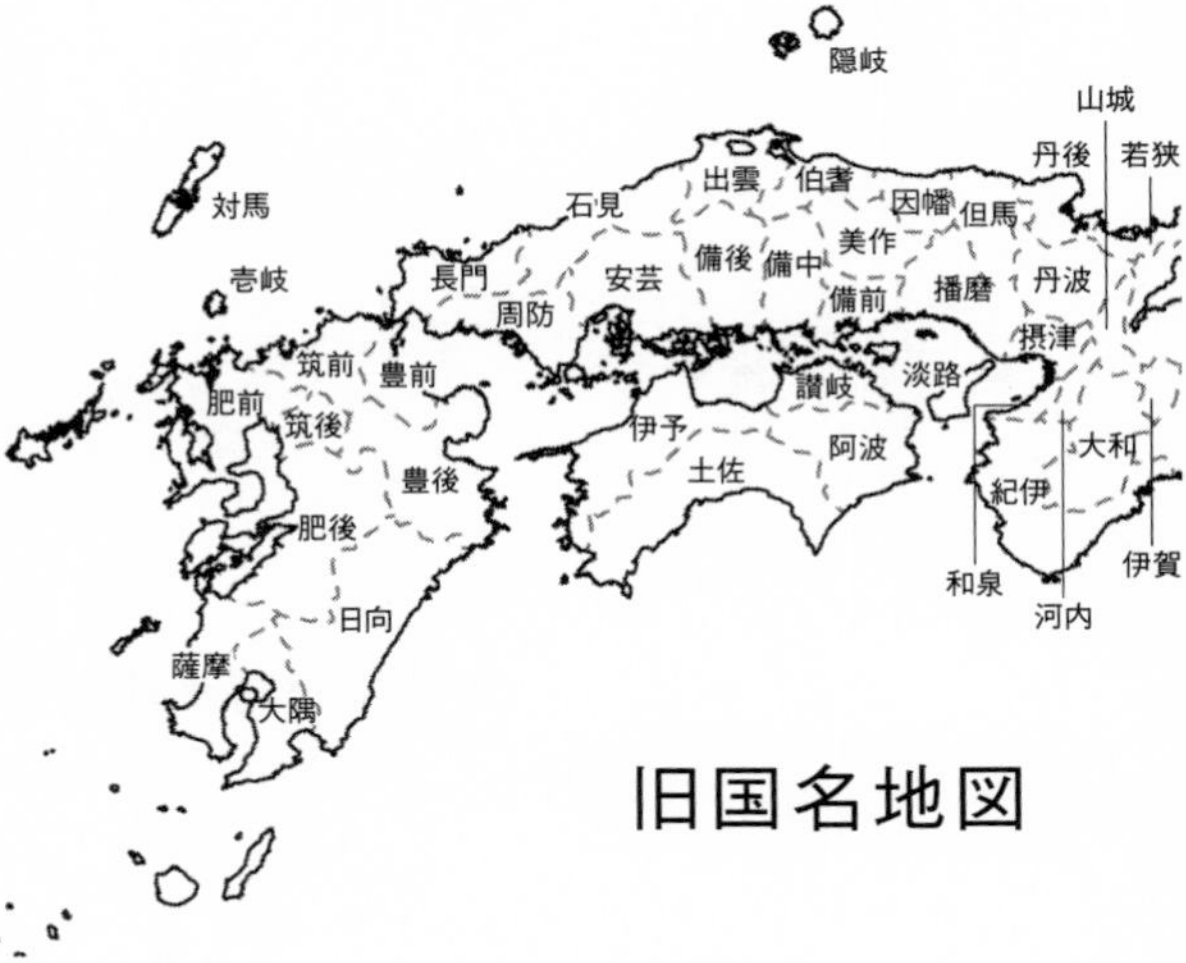

旧国名地図

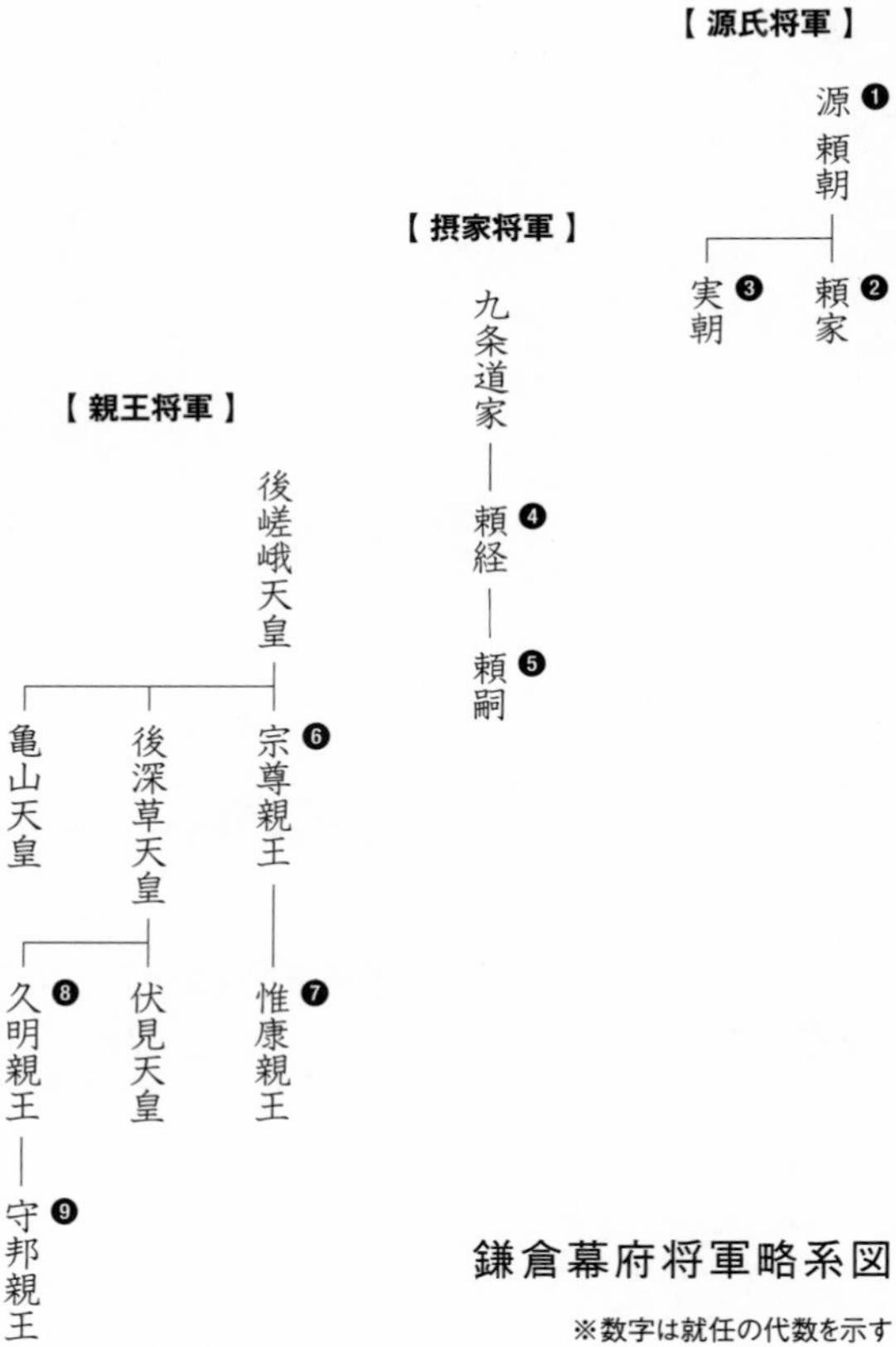

鎌倉幕府将軍略系図

※数字は就任の代数を示す

得宗略系図

❶ … 執権就任の代数

■1 … 得宗（北条氏の家督）の代数

※得宗以外の者も
執権に就任するようになったため、
必ずしも両者の代数は一致しない

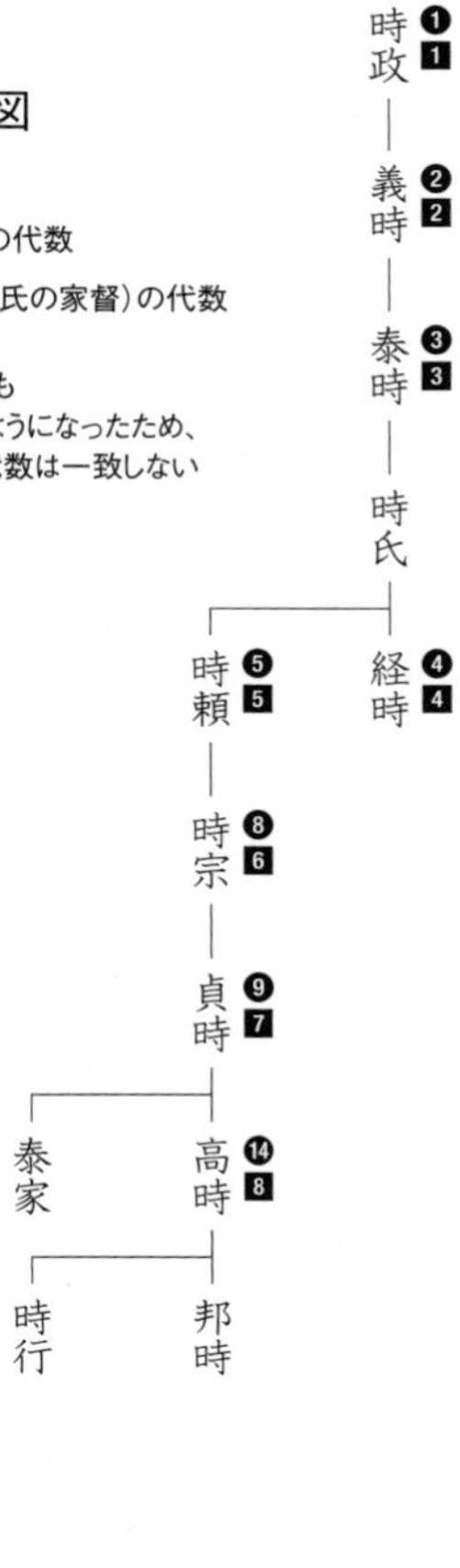

【将軍家】

- ❶尊氏
  - ❷義詮
    - ❸義満
      - ❹義持
        - ❺義量
      - ❻義教
        - ❼義勝
        - ❽義政
          - ❾義尚
        - 義視
          - ❿義稙
        - ①政知 **【堀越公方】**
          - ②茶々丸
          - ⓫義澄
            - ⓬義晴
              - ⓭義輝
              - ⓯義昭
            - 義維
              - ⓮義栄

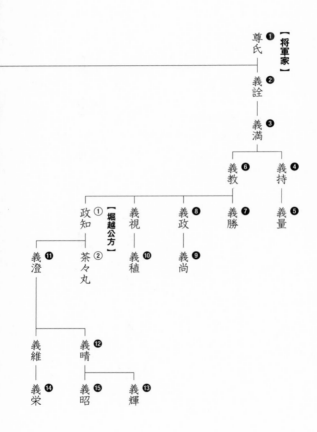

足利家系図

※数字は就任の代数を示す

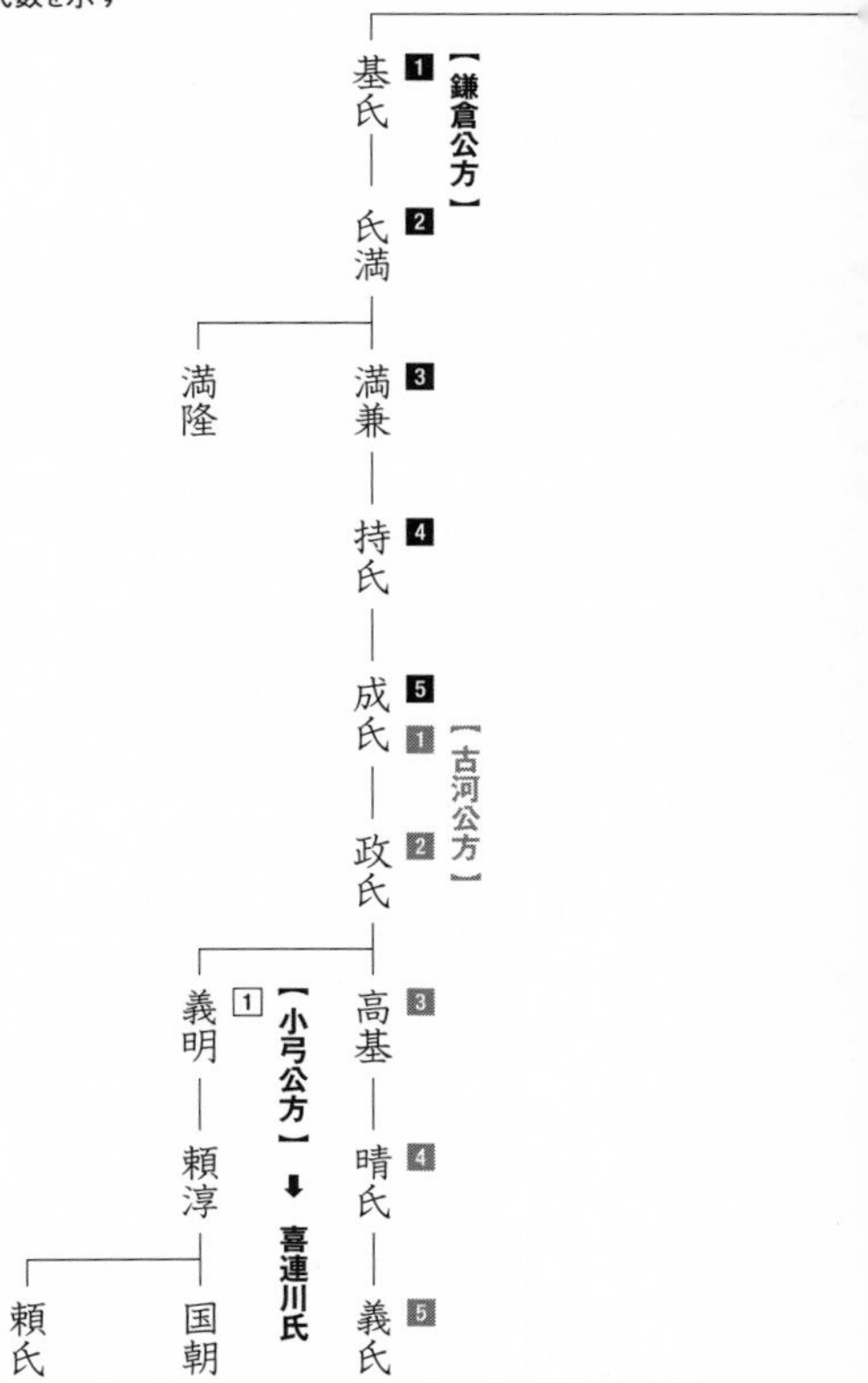

凡例

・参考文献は、本文中では〔川岡二〇〇二〕と著者名と発表年で示し、各章末に書誌事項を載せた。
・参考文献の副題は基本的に省略した。
・時系列をみるために必要な部分については、収録書籍ではなく初出論文のほうを優先している。

第一章

部分的な存在としての鎌倉幕府

【鎌倉幕府と公家寺社】

木下竜馬

一　「対立」ではなく「協調」

鎌倉時代は鎌倉幕府だけの時代ではない

鎌倉幕府は、日本初の本格的な武家政権である。この成立により、貴族の時代から武士の時代へと移り変わり、明治維新まで続くというのが一般的な理解であろう。しかし、鎌倉時代の日本全体が武家一色に塗りつぶされてしまったわけでは決してない。前代以来の、天皇と貴族を中心とする公家政権（朝廷）がいまだ実体的な力を保ったまま京都に存続しており、諸国の荘園《しようえん》などを支配していた。また、延暦寺《えんりやくじ》や興福寺《こうふくじ》のような大規模な寺社勢力が、独自の所領と武力を保持していた。

逆にいえば、鎌倉幕府はすべての領域を支配下に置いたわけではなかった。幕府の支配が及ぶのは、鎌倉を中心とした東国諸国と、全国に点在する地頭《じとう》（第三章参照）設置地などであり、限られた範囲でしかなかった。鎌倉幕府に仕える御家人《ごけにん》も、全国の武士全てを組織したわけではない。御家人ではない武士たちは、天皇家や貴族、あるいは大規模な寺社勢力に属していた。鎌倉時代の国家的秩序において、鎌倉幕府は部分的な存在であった。言い方を変えれば、公家政権や大規模な寺社勢力に対して、幕府はあれこれ命令する立場になかったのである。これが室町幕府や江戸幕府と異なる鎌倉幕府の大きな特徴である。

公武対立か、協調か

それでは、〝旧勢力〟である公家政権や寺社勢力などと、〝新勢力〟である武家政権とは、どのような関係にあるのだろうか。時代遅れの前者は、新興の後者に圧倒されていくのみであったのだろうか。

新井白石《あらいはくせき》の「読史余論《とくしよろん》」のように、両者を対立関係と見なし、武家勢力が公家勢力を圧倒していくプロセスを重視する史観は、江戸時代から存在した。この構図は、戦後歴史学の出発点である**「領主制論」**［石母田一九四六、一九八九］にも受け継がれている。領主制論においては、マルクス主義史学の理論に基づき、公家は古代的な旧勢力、武家は中世的な新勢力と規定され、両者の対立関係が主に注目された。

潮目の変わる契機となったのが、一九六三年の黒田俊雄《くろだとしお》による**「権門体制論」**の提起である［黒田一九九四］。黒田は、武家、公家、寺社などが相互に寄り集まったものとして中世国家を捉えなおした。これにより、公武の協調面が注目されるようになり、従来の学説は〝公《こう》武対立史観《ぶたいりつしかん》〟として克服の対象となっていった。[*1]

上横手雅敬《うわよこてまさたか》が批判するように、かつては鎌倉幕府史を語ればそのまま鎌倉時代史になっていた［上横手一九九一］。しかし、権門体制論の提起をひとつのきっかけとして、公家政権や寺社に光があたるようになり、史料のほりおこしがなされ、大幅に研究が進んだ。鎌倉時代に武家ではない勢力に一定の存在感があったことが正しく認識されるようになったのである。

なかには、鎌倉が日本全体の首都になったわけではないので、「鎌倉時代」という呼称は不適当だという論まで存在する［上横手一九九一、山田二〇二〇］。実際に変えるべきかはともかく、鎌倉時代は鎌倉幕府だけの時代ではないことが明瞭になってきたのである。

鎌倉幕府についての常識も改められていった。鎌倉幕府や武士が、天皇と公家政権の存在と価値を基本的に尊重しており、むしろその護持こそが武家のアイデンティティのひとつだったことは共通理解となった［川合一九九五、高橋二〇〇二］。また、かつては、公家政権の権限を鎌倉幕府が奪取したり、あるいは幕府が公家政権から独立した国家を志向したりすることが高く評価されていたが、それは当時の公武関係の本質を取りこぼしていると批判がなされた［市沢二〇一一］。果てには、源頼朝の挙兵以来、承久《じょうきゅう》の乱を含め、天皇の危機を救い朝廷を再建することが鎌倉幕府の一貫した目標だったという議論まで登場している［河内二〇〇七］。かなり端折った部分もあるが、おおまかな流れとして、公武対立から公武協調へと学界のモードが変化してきたのである。

ここに見られるのは、新たな権力観である。従来の研究の前提として、政治的な主体（人間でも組織でも）は権力欲から闘争を行うものだという認識が強かった。それに対し近年の研究は、必ずしも諸主体は権力獲得を目的としていないと考え、対立ではなく協調、強制ではなく合意の側面に注目する傾向があるように見受けられる。

そこから導き出されるのが、「受け身の幕府」像である。幕府の施策を再考し、実は幕府に積極性はなく、別の主体の要求に応えたものにすぎなかったとする研究が九〇年代から多くなった（その先駆的なものとして［上杉一九八八］）。むしろ、幕府権力を呼び込んでくる側に注目が集まってきたのである。近年の鎌倉幕府のイメージは、諸方面に自らの権力を能動的に及ぼしていくというものから、さまざまな要望を受け自己を拡大せざるをえなかったというものにシフトしている。

本章は「受け身の幕府」像が到達点であることを認め、鎌倉期の公武関係を概観したい。その上でお手本となるのが、近年の室町期の公武関係論である。かつての公武関係論は鎌倉期の蓄積の方が厚かったのだが、第二章（山田徹氏担当）で詳しく述べられるように、近年の室町期のそれは著しい進展を遂げている。政治過程のみならず、財政や宗教、社交、あるいは文化などさまざまな切り口から検討が進められている。一方鎌倉期の研究では、個々の蓄積は決して少なくないものの、総合的に俯瞰《ふかん》する作業が不足しているように思われる。本章は、細かい学説の流れを追うことにこだわりすぎず、諸研究の成果を筆者なりにつなぎあわせて、今後の議論のたたき台を作ろうとする試みである。

画期は承久の乱

本章は、考察の対象を承久三年（一二二一）の承久の乱以降に絞りたい。承久の乱が鎌倉時代の公武関係の大きな画期だったからである。乱以前の初期幕府では、内部の反乱分子が上皇など京都の勢力と結びつこうとすることが多く［佐藤進一一九八三］、また後鳥羽上皇が将軍・源実朝《みなもとのさねとも》を和歌などで精神的指導下に置いた［坂井二〇一四］ように、京都から幕府内部へと介入しうる構造があった。公家政権と適切な距離を取ることは、実は幕府の存亡にかかわることだったのである。

承久の乱に圧勝した鎌倉幕府は、後鳥羽《ごとば》ら三上皇の配流、仲恭《ちゅうきょう》天皇の廃位、乱参加者の処刑、膨大な天皇家領の没収という厳しい措置を取る。これら戦後処理を起点とした〝戦後体制〟が形成され、鎌倉幕府はあたかもGHQのように、戦後の公家政権を指導する立場となったのである。*2

幕府からなにか用件がある場合、六波羅探題《ろくはらたんだい》あるいは東使《とうし》（鎌倉から派遣される特別使節）によって、公家政権内の窓口である「関東申次《かんとうもうしつぎ》」に伝達される。このルートが公武交渉の基本経路である［森茂暁一九九一］。公武交渉を担う関東申次は重職となり、寛元《かんげん》四年（一二四六）の宮騒動《みやそうどう》（後述）以降は上流貴族の西園寺《さいおんじ》氏が世襲することとなった［神田編著二〇一七］。ただ、鎌倉末期になると、関東申次ルートを飛び越え、上皇らが直接幕府と交渉することも増えていった［筧一九八五］。

このように、関東申次ルートなどで幕府の意向は公家政権に伝えられた。しかし、これらはいわば外交的な交渉の範疇《はんちゆう》であり、承久以後も公家政権、あるいは大寺社が幕府の支配下に入ったというわけではなかった。幕府から公家政権・大寺社へのはたらきかけは、命令ではなく要請・お願いのかたちでなされるのである。当時の貴族の日記には「東風《とうふう》吹き来たる」という表現がしばしば見えるが、これは幕府の要請があって物事が動いたことを示す。細かな人事から果てには皇位継承に至るまで、幕府は外部から風を吹かせて京都政界に影響を与える存在だった。

幕府の分を超えた干渉行為は史料上「吹挙《すいきょ》」「口入《くにゅう》」「御計《おんはからい》」などと表現されるが、本章では単に「介入」と呼んでおく。介入に着目することで、本来部分的な存在であるはずの鎌倉幕府が中世国家の全体的な事柄に関与していく様相が浮かび上がってくるのである。まず次節では、中世国家の最重要事といってよい皇位への介入を軸にとりあげたい。

二　皇位継承と公家政権

皇位に介入する幕府

公家政権の根本は、皇位にある。鎌倉時代には依然院政が行われ、上皇が政治を主導するのが常態化していた。しかし、上皇が院政を行う根拠は、その子（あるいは孫などの卑属）が皇位にあることにかかっていた。単に元天皇であること以上に、子や孫が皇位に就くかどうかが、「治天の君」（院政を行う上皇）の地位の条件だったのである。そのため、皇統の断絶や交代は、治天の君の変更につながり、公家政権内の政権交代を引き起こすこととなった。

　承久以後は、皇位継承に幕府の介入が大きな役割を果たすこととなった〔以下通史的記述は、河内・新田二〇一一、佐伯二〇一九〕。先述のとおり、承久の乱後、仲恭天皇は廃位され、その祖父である後鳥羽上皇の院政は停止された。幕府はその代わりに、後鳥羽の兄である守貞親王《もりさだしんのう》（後高倉院《ごたかくらいん》）を治天の君に、その子を即位させて後堀河《ごほりかわ》天皇とした。幕府は後鳥羽皇統に代えて、後高倉皇統を創出したのである。

　ところが後高倉皇統の男性は短命で、後高倉も後堀河も次々と死んでしまう。仁治《にんじ》三年（一二四二）に後堀河の忘れがたみの四条《しじょう》天皇が突如夭逝《ようせい》し、後高倉皇統は断絶してしまう。貴族たちは協議した結果、忠成王《ただなりおう》という皇族を即位させることとした。だが、幕府はこれを拒否し、別の皇族を指名して即位させた。これが後嵯峨《ごさが》天皇である。実は忠成王は、承久の乱で主戦派だった順徳《じゅんとく》上皇の子であった。当時順徳は流刑地の佐渡で存命であり、忠成王が即位すれば順徳が京都に復帰する可能性があったのである。幕府はこれにより戦後体制が崩れることを嫌い、公家政権内の意向を押し切って強硬な措置を取ったものと思われる。

　以後、皇位継承に際しては、幕府への事前通告と了承の獲得が必須のものとなり、やがて段階的に立太子や治天の君交代でも同様になっていった。

鎌倉期の天皇略系図

※数字は即位の順を示す

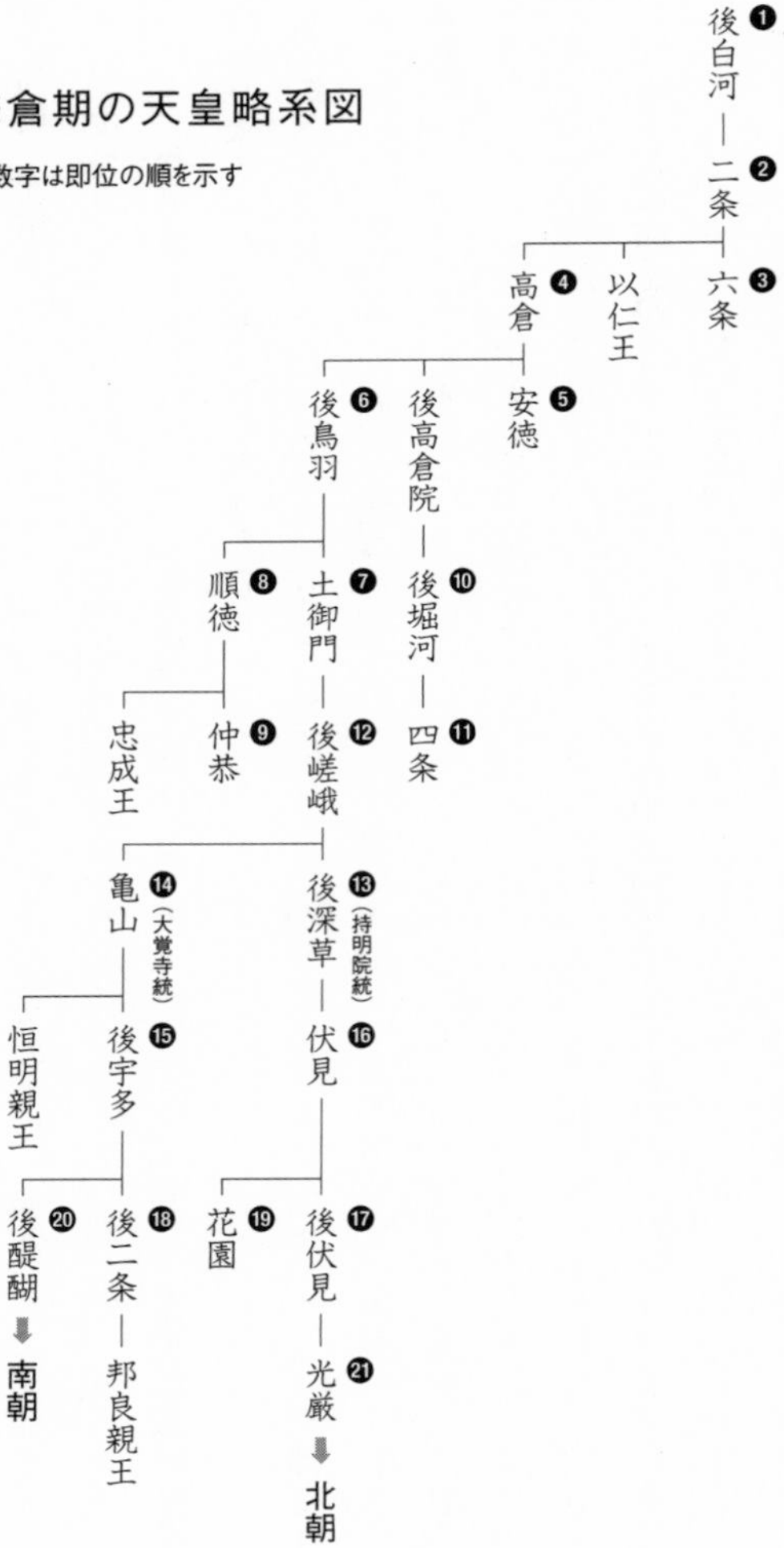

後嵯峨の代は、あらたな分裂を天皇家にもたらすこととなった。後嵯峨の息子の後深草《ごふかくさ》天皇、ついでその弟の亀山《かめやま》天皇が即位したが、後嵯峨は亀山の方を寵愛しており、後深草の息子ではなく、亀山の息子（のちの後宇多《ごうだ》天皇）を皇太子とすることにした。父に疎《うと》んじられた兄・後深草は、院政もできず、自身の皇統も伝えられないこととなったのである。

ところが建治元年（一二七五）、突如鎌倉幕府が介入し、後深草の皇子（のちの伏見《ふしみ》天皇）を後宇多天皇の皇太子にするよう要請した。即位すれば後深草上皇が治天の君となり、亀山院政は終了する。つまり、将来の後深草の復権が内定したのである。かくして、南北朝内乱にいたる持明院統《じみょういんとう》（後深草皇統。のちの北朝）と大覚寺統《だいかくじとう》（亀山院皇統。のちの南朝）の対抗が始まった。

介入に依存する天皇家

このような経緯をみると、いかにも鎌倉幕府の意思が一切を決していたように見える。〝公武対立史観〟に基づけば、これこそが武家が公家を圧倒している証左であろう。しかし、幕府は決してすべてをコントロールしていたわけではない。皇位継承にあたっての事前通告に対し、幕府は「そちらにお任せします」と不関与を表明し、消極的な承認を与えるのが常であった。むしろ、幕府の指名を得るべく積極的になっていくのは、天皇家側のほうだったのである。

皇統がふたつに分裂した状況では、皇位の交代が即政権交代につながるため、幕府の皇位指名は、そのまま政権の選択になった。各皇統は幕府からの支持を得るべく、はたらきかけを激化させた。各々鎌倉に急いで使者を派遣する様子は「競馬《くらべうま》」のようだと嘆かれている。そして幕府のほうはこの事態には困惑していたようであり、「使節を鎌倉に送りまくるのは勘弁してほしい」とまで言っている。

幕府は次第に、皇位（およびそれに連動する治天の君の地位）が片方の皇統の手に属した場合、もう片方の皇統の男子を皇太子に指名する方策を取るようになった。幕府はどちらかの皇統を廃絶するようなことはせず、両統迭立《てつりつ》（かわるがわるの即位）を模索したのである。幕府は、皇統の争いは公家政権内部で解決すべきだという原則を掲げつつ、各皇統からのはたらきかけを低減し事態を丸く収めるため、やむをえず調停を繰り返した［森茂暁一九九一、二〇〇九］。逆にいえば、両皇統は対立を深めるなかで自分たちで問題を解決する力を失い、幕府の介入に依存していくのである。

なお、幕府の介入は、皇位のみならず政治姿勢についても及ぶことがあった。寛元四年

（一二四六）、前将軍の藤原頼経《ふじわらのよりつね》らは執権・北条時頼《ほうじょうときより》の策謀で鎌倉を追放され（宮騒動）、将軍の父かつ関東申次として公家政権を主導していた九条道家《くじょうみちいえ》も失脚した。九条道家政権の崩壊にともない、幕府は東使を派遣し、政権を担う後嵯峨上皇に対して政治改革（徳政《とくせい》の興行《こうぎょう》）を申し入れている［森茂暁一九九一］。後深草院政開始にともなう七ヵ条の政治刷新の申し入れや、二度にわたる京極為兼《きょうごくためかね》の処罰も同様の処置である。京極為兼は歌道家ながら持明院統の謀臣《ぼうしん》として権勢を振るっていたが、「政道巨害」をなす為兼を排除し政治を改めよという幕府の申し入れにより、失脚した［小川二〇〇三］。重要なのは、幕府による政治改革の申し入れや、それに関する限りでの貴族の処罰は、正当なものだと公家政権側も認識していた点である。「承久以降、鎌倉幕府は天に代わって重大事を取り計らっている」と持明院統側は鎌倉末期のとある文書で述べている。幕府の介入への依存は、これほどまでだった。

幕府の意図とは

それでは、なぜ幕府はこのような介入を行ったのだろうか。幕府が両統を迭立させた狙いについては、天皇家を分裂・弱体化させさらに強力に介入しようとしたためである［本郷一九九五］、あるいは場当たり的で両統のはたらきかけに右往左往していたのみであった［河内・新田二〇一一、佐伯二〇一九〕など、論者により見解が分かれている。

これには史料的限界もからんでいる。介入を受ける公家側の史料は比較的多く残っている一方、幕府の意図を探ってみようにも、『吾妻鏡《あずまかがみ》』のような史料は鎌倉後期については残されておらず、幕府内部の意思決定を伝える史料はきわめて少ない。ここまで幕府の消極性をかなり強調してきてしまったが、それは残存史料では実証しにくいという研究側の事情もある。幕府の意図は、史料的にはブラックボックスなのである。

しかし、まったく不明なわけでもない。先行研究によって明らかになった以下の二事例を紹介しよう。

第一に、一三世紀末、平頼綱《たいらのよりつな》政権期の介入である〔森幸夫一九九四〕。霜月騒動《しもつきそうどう》を経て幕府権力を牛耳った御内人《みうちびと》（得宗《とくそう》家の家人）・平頼綱とその周辺は、公家政権にも介入を強めた。当時は大覚寺統が政権を担っていたが、持明院統と頼綱らは結託し、持明院統の伏見《ふしみ》天皇を即位させ、その弟を新たな親王将軍として鎌倉に迎え入れた。一方、公家政権における訴訟や官位授与に頼綱の縁者《えんじゃ》らがひんぱんに介入し、利益を得ていた。この時期の幕府の意思として発されているのは、実は頼綱らと持明院統の結託の結果だったのである。

第二に、嘉暦《かりゃく》（一三二六―二九）年間の皇位についての問題は、「金沢文庫古文書」が残っているおかげで幕府内部の状況がわかる希有の事例である［森茂暁一九八一、筧一九八五、永井二〇〇一、桃崎二〇一九］。当時は大覚寺統傍流の後醍醐《ごだいご》天皇が政権を担っていたが、大覚寺統嫡流や持明院統は次の天皇や皇太子の座を狙い、幕府へのはたらきかけを強めていた。工作の結果、持明院統は自統の皇太子の即位と後醍醐の退位について、一旦幕府側の内意を得る。ところが大覚寺統嫡流や後醍醐方も巻き返しをはかり、使者を鎌倉に下向させ、水面下で運動を繰り広げた。その結果、後醍醐の退位という幕府の決定は覆されるにいたったのである。実は幕府内部の有力者たちが各皇統とそれぞれ結びついており、それらの角逐《かくちく》によって幕府側の決定が二転三転していた。幕府内部は必ずしも一枚岩ではなく、京都からのはたらきかけに応じて分裂した動きを見せることもあったのである。

以上の二例はたまたま史料が残存したことで内情が判明するケースである。であれば、幕府介入のそれぞれの局面では、同様の複雑な政治的駆け引きが内部であり、その結果が幕府の意思として発されていたのではないか。必ずしも幕府の介入の意図は単一ではないと考えたほうがよさそうである。

以上から浮かび上がってくるのは、自らに有利になるよう幕府権力を呼び込み、介入に依存していく天皇家側と、それに巻き込まれていく幕府という構図である。実はこの構図は、ほかの局面でも見出すことができる。次節では天皇家以外に眼を転じていきたい。

三　介入を呼び込む人びと

摂政関白

摂政関白《せっしょうかんぱく》というと、藤原道長などが活躍した摂関《せっかん》時代の印象が強い。しかし、院政時代、そして鎌倉時代になっても摂関の役割は重たく、上皇や天皇とならんで公家政権を主導することもあった。この摂関の地位も、次第に鎌倉幕府の影響下に置かれていく。安貞《あんてい》二年（一二二八）、関白の地位を狙っていた九条道家は、幕府の介入を引き出して現職の近衛家実《このえいえざね》を失脚させ、関白に就任した［曽我部二〇〇九］。以後、摂関職の交代にあたっても、前述した皇位と同じように、幕府への事前通告と承認獲得が慣例となっていった。

摂関家が近衛、鷹司《たかつかさ》、九条、二条、一条家の五摂家《ごせっけ》に分かれていくにつれ、他の家を出し抜きみずからが摂関に就任すべく幕府へのはたらきかけが過熱していく。摂関に一度もなれず没落しかけていた九条忠家《くじょうただいえ》が、慣例からはずれて突如関白に就任し、かろうじて家を存続できたのは、幕府の介入の結果である［三田二〇〇七］。幕府介入を呼び込むことで、このような横紙破りの人事が行われることもままあった。天皇家とおなじく、摂関家でも幕府の介入への依存を強めていくのである。

大寺社

院政期以来、大きな政治問題だったのが、延暦寺などの大寺社による嗷訴《ごうそ》である。自分たちの主張を公家政権に認めさせるため、僧兵たちは神輿を担ぎだしてデモンストレーションを行い、都を大混乱に陥れた。しばしば大寺社同士は嗷訴しあい、ほぼ合戦のようになった。公家政権は検非違使《けびいし》や武士を使って僧兵を防ぎつつ、寺社側と交渉してことを丸く収めるよう努めるのが常であった。鎌倉幕府が成立してからも基本的にその構図は変わらず、幕府が嗷訴の対応に関わるのは、基本的に御家人が紛争に巻き込まれた場合のみであった。

ところが承久の乱以降、朝廷は自前の武力を失い、六波羅探題など御家人たちが京都の守備を一手に担うことになったので、嗷訴対応の前面に幕府が出ることとなった［木村二〇一六］。当初こそ公家政権側の意向に従い幕府側は大寺社に応対していたが、一三世紀半ばからさらに関与が深まる［海老名二〇一二］。寺社側が要求する紛争の争点についてどのような政治判断を下すべきかまで公家政権は幕府に頼るようになっていった。嗷訴が起きると、幕府はすぐには関与しないものの、事態が深刻化すると、東使を派遣するなどして介入を開始する。場合によっては寺社の言い分を聞きつつ落としどころを探り、はては大寺社に対する制裁まで行った。鎌倉後期に勃発した永仁《えいにん》の南都《なんと》闘乱《とうらん》［安田二〇〇一］や延慶《えんぎょう》の山門《さんもん》嗷訴《ごうそ》［永井二〇〇八］は、公家政権や大寺社、そして幕府など諸勢力の動向が緻密に解明されているのだが、本来対処の責任を負っている公家政権ではなく、幕府が総合的な調整を担わざるを得なくなっている状況が明瞭である。

公家政権が任命権をもつ寺社の人事面でも、幕府の影響力は強まっていった。幕府には、将軍や幕府のため祈祷などを行う幕府僧という僧侶たちが仕えていた（後述）。かれらは幕府の推薦によって高位に就くことが多く、大寺社のトップとなることもしばしばあった［平一九九五］。幕府僧として活躍した親玄《しんげん》は、鎌倉在住で京都における業績がないまま、幕府の推薦で権僧正《ごんのそうじょう》という高位に就任し、時の天皇が慨嘆《がいたん》を日記に書き残すほどであった。栄達を遂げた幕府僧には、北条氏出身者も目立つ。たとえば北条経時《つねとき》の子・頼助《らいじょ》は、真言《しんごん》僧として最高の栄誉である東寺長者《とうじちょうじゃ》をへて東大寺別当《とうだいじべっとう》をつとめ大僧正《だいそうじょう》にまで至った。

そして、幕府僧でなくとも幕府が人事に影響力をおよぼすこともあった［稲葉一九九九］。たとえば延暦寺のトップである天台座主《てんだいざす》の地位は、もちろん公家政権に任命権があったが、承久以後、幕府推薦による任命が出現し、次第に座主任命にあたっての幕府への事前通告が慣例化していった。幕府はたいてい「公家政権のご判断にお任せします」と返答するのであるが、時には実質的な人選まで行うこともあった。鎌倉末期の正和三年（一三一四）には、延暦寺が嗷訴を行い六波羅探題と争ったことを受け、責任者である座主の解任と処罰を公家政権に申し入れている。座主を幕府が実質的にクビにしているのである。

それでは幕府はなぜ大寺社への介入を強めていくのであろうか。これについても、論者により見解が分かれている。平雅行《たいらまさゆき》は、幕府僧を高位につけることで、大寺社を支配する意図があったという寺社統制説を唱えている［平一九九五］。また稲葉伸道《いなばのぶみち》も、介入により公家政権の人事権が制限されていたことに注目する［稲葉一九九九］。一方、石田浩子《いしだひろこ》や海老名尚《えびななお》は寺社統制説に批判を加え、幕府側に積極性はなく、高位就任などの介入は幕府僧側が運動した結果であると主張している［石田二〇〇四、海老名二〇一二］。両説の決着はついていないが、皇位への介入の意図をめぐる説の対立と同じ構造は見てとれる。寺社の内部からも、みずからの利益のため、幕府の介入を呼び込んでくる面があったのである。

勅撰和歌集と歌人たち

幕府の介入を呼び込もうとする動きはほかの分野にもあった。意外な事例として、勅撰《ちょくせん》和歌集の編纂についてとりあげたい。平安時代の「古今和歌集」以来、公家政権は勅撰集を代々編纂しており、その権威を示す一大事業となっていった。また、編纂を担う撰者の地位はたいへんな名誉とされ、歌人たちのあいだで熾烈な競争がなされた。その争いに幕府までもが巻き込まれかけたのが、「玉葉和歌集《ぎょくようわかしゅう》」(正和元年[一三一二]成立)の編纂である[小川二〇〇二]。

当時、二条家、京極《きょうごく》家、冷泉《れいぜい》家など、藤原定家《ふじわらのていか》の子孫たちの歌道家が撰者の地位をめぐって争っていた。「玉葉和歌集」の撰者は京極為兼《きょうごくためかね》ひとりとなったため、他の家が猛反発する。冷泉為相《れいぜいためすけ》は、貴族ながら鎌倉幕府に仕えていた(関東祗候廷臣《かんとうしこうていしん》。後述)ため、そのコネをつかって鎌倉幕府要人に工作して介入をうながし、将軍の和歌の師範だった二条為世《にじょうためよ》も鎌倉に使者を派遣して運動した。このとき為世は、「朝廷の政務の乱れを幕府が諌めて正すのは慣例である」と主張し、幕府が口出しすることを正当化しようとしている。もっともこれらの工作に幕府およびその周辺が動いた形跡はないのだが、京極為兼とその後ろ盾である伏見上皇は幕府に使者を送り、「そちらにお任せします」という消極的承認をとりつけざるをえなくなった。

鎌倉期のほかの勅撰集では幕府の関与は基本的に見られず[*3]、幕府が和歌の世界に進出し文化支配を強めようとしたわけではなさそうである。これは、歌道家間の力が拮抗し公家政権内で収拾がつかなかったがゆえの現象と見られる。

この事例から、幕府の介入への依存が天皇家、摂関家、大寺社などだけではなく、広いレベルまで及んでいたことが推測される。特に、一方がコネを使って幕府の介入を得ようとすると、それに対抗するものが幕府と関係なくとも、介入を防ぐため幕府の承認を得ざるをえなくなる構図が浮かび上がってくる。公家社会内部で解決できないことが幕府に委ねられ、それがいっそう公家社会の自浄能力を失わせる循環を生ん

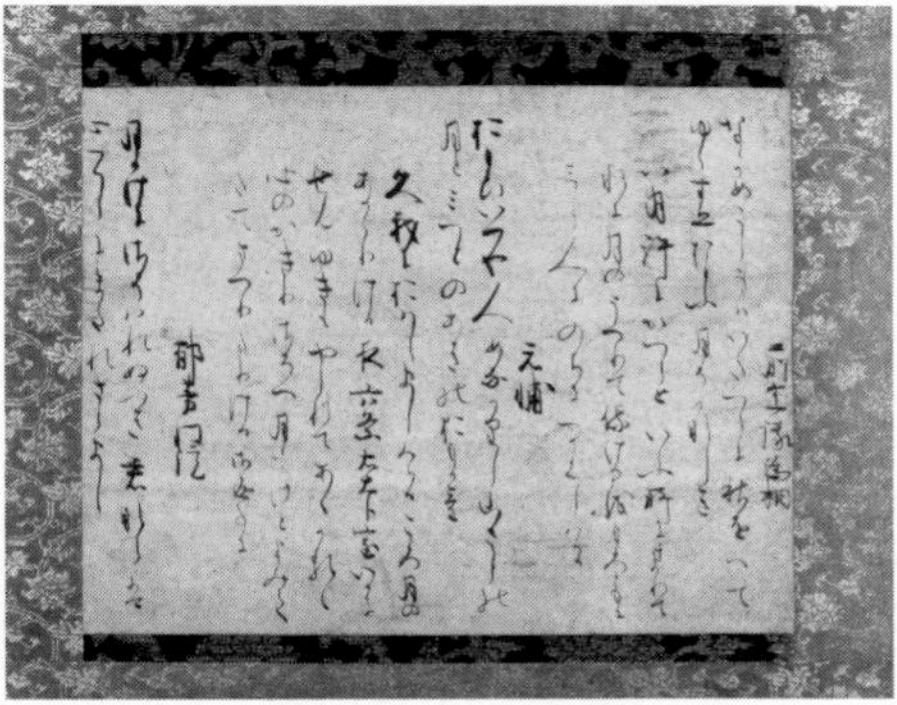

玉葉集切（伝京極為兼筆）
慶応義塾大学斯道文庫所蔵。「玉葉和歌集」巻第十四の断簡。

でいた。かくして時代が下るにつれ、幕府の介入が求められる領域がなし崩し的にどんどんひろがっていったのである。部分的な存在であった幕府は、このようなメカニズムによって、全体への関与を深めていったのであった。

以上のように、冒頭で述べた新しい権力観に基づいた諸研究では、幕府の受け身ぶりが強調されている。とはいえ、いくら介入を公家側が求めているからといっても、「幕府にはやる気がなかったのだ」と権力性自体を否定する論法には危うさもある。むしろ、人びとが介入を求める裏には、幕府内の少人数の決定が多くの人たちに深甚《しんじん》な影響を及ぼす非対称性を読み取らなくてはならない。その上で今後は、公武の実質的な権力配置——協調や合意の裏にある権力——を考えていく必要がある。これをただしく評価するため、幕府が積極的か消極的かという次元を超えた、さらに別の権力観とそれを語る語彙が求められるのではないか、という点を付言しておきたい。

四　公武にまたがる縁故

公家社会にとけこむ武家

これまで見てきた幕府の介入は、往々にして幕府、あるいは関係者との縁故《コネ》が大きな役割を果たしてきた。そこで本節では、公武にまたがる縁故のありかたを見てみたい。

武士と貴族たちは大きな身分差があったが、けっして交わらなかったわけではない。むしろ鎌倉時代は、京の公家社会に武士たちがとけこんでいくことが多く見られた。

六波羅探題は京にあって、武士たちを率いて公家政権との折衝《せっしょう》を日常的に行っていた。そこから日常的な交流も次第に生まれてくる。六波羅探題の奉行人と貴族たちはともに和歌を詠んだり温泉に行ったりするなど、文事・遊興などでのつきあいがあった。また六波羅の幹部である長井氏が摂関家の近衛家に臣従するような政治的な関係が生まれることもあった［森幸夫二〇〇五］。公家社会へのとけこみの指標のひとつが武家歌人の拡大である。勅撰集に自分の和歌が採用されることはこの上ない名誉とされていたのだが、武士たちもそれを望むようになり、時代が下るにつれ御家人や御内人の採用数が増加していった［小川二〇一四］。公武にまたがる交流の最たるものが、公武婚、すなわち武士と貴族の婚姻である［鈴木二〇〇四］。公武婚をきっかけに幕府のうしろだてを得て家運を上昇させる貴族もおり［森幸夫二〇一七］、ときには貴族から武士に対してアプローチすることもあった［小川二〇一七］。

鎌倉をめざす人びと

以上は京都における公武の交流だが、さらなる縁故を求めて、京から鎌倉に向かった者も多数確認される。鎌倉は武家の都とされるが、実際は武士のみならず、京出身の実務官僚や陰陽師、医師などの文士とよばれる人々［赤澤二〇二一］や、貴族や僧侶などが生活していた。多彩な人士が幕府に仕え、御家人のように所領を給与されていたのである。その様相をみてみよう。

貴族は京都でしか生きられない存在のはずだが、公卿《くぎょう》・殿上人《てんじょうびと》クラスの高位の貴族でも、例外的に鎌倉に居住し、幕府や将軍に仕えるものたちがいた。これを関東祗候廷臣《かんとうしこうていしん》という［湯山一九八八、岡野一九九九］。摂家将軍、そして親王将軍が擁立され、将軍の身分が高くなり、京都の格式を模倣していくにつれ、儀式などを遂行するためには鎌倉に常駐する貴族が必要不可欠となっていったのである。彼らは京都での公務を果たすことはできないが、宗尊《むねたか》親王が第六代将軍として鎌倉に下向《げこう》する際、幕府での奉公は公家におけるそれに准じると定められた［井上一九八七］。このため、関東祗候廷臣は京都の貴族たちと同じように官位を受け、家を存続させることができた。

また、幕府に仕えて祈祷などを行う僧侶も近年注目されている［永井二〇一〇］。これらを幕府僧という［平二〇〇〇、二〇〇二、二〇〇七、二〇〇九］。彼らは鎌倉に拠点を置きながら京都の大寺社との関係を保ち、京―鎌倉を往復しながら仏事を行い、弟子を育て、法流を伝えていった［橋本一九九四、石田二〇〇四］。幕府が鶴岡八幡宮《つるがおかはちまんぐう》寺などの直轄の寺社を整備し、京都などからさまざまな寺の高僧を招いたことで、次第に幕府僧の陣容は充実していき、公家政権の祈祷体制と同じようなしくみが鎌倉に作られていった。先ほど述べたように、鎌倉で功績を積んだ幕府僧は幕府の推薦によって、高い僧位や京における大寺社の高官の地位を得ていった。京都においてはパッとしない僧でも、一か八か鎌倉に下向して幕府に仕え、その介入を受けることができれば、京都の社会に高位高官で復帰することができたのである。

同様の構図は、貴族や僧侶以外でも見られる。以下、具体例を箇条書き風に述べておこう。

陰陽師《おんみようじ》　陰陽師の家のうち、傍流の者が幕府に仕え、関東陰陽師と呼ばれるようになった。鎌倉にありながら、陰陽師の最高位である陰 陽 頭《おんみようのかみ》に任じられ、有力家となる者も出た［赤澤二〇一一］。

医師　京から下向し幕府に仕えた医師の家は関東御医師《かんとうおんいし》と呼ばれた。幕府の推薦により、医師の高位である施薬院使《せやくいんし》就任が慣例化したことが確認される［赤澤二〇〇六］。

学者　朝廷の学問の家である清原《きよはら》家の傍流に生まれた清 原 教隆《きよはらののりたか》は、鎌倉を新天地として精力的に活動し、晩年には京に復帰し大外記《だいげき》という高位の任官を達成した［永井一九八八］。鎌倉への下向、そして幕府の推薦で京都での官位昇進というパターンは、他家の儒者でも確認できる［小川一九九四］。

書道　後発の法性《ほつしよう》寺流に圧迫された世尊《せそん》寺流の当主は鎌倉に下向して活路を開き、内裏《だいり》障子《しようじ》の清書《せいしよ》役という名誉を幕府の介入で得たという［宮崎二〇〇四］。

和歌　前述したように、歌道家の冷泉為相は関東祗候廷臣であり、鎌倉での活動をもとに幕府の介入を求め、京都歌壇での覇権を狙った［井上一九八七］。

以上のように、幕府の庇護《ひご》を求める人びとが京から鎌倉に下り、幕府の介入を得て京都に復帰する構造ができあがっていたことがうかがえる。藤原定家の嫡流をもって任じる二条為世は、鎌倉で活動する庶流の冷泉為相を念頭に置きながら「遠方にあって、立身しようとして本家筋を悪くいっている」（『和歌庭訓』）とあてこすっているが、これは歌道家のみならず、公家社会全体のトレンドであったといえよう。もちろん、京都から下ってきて頼朝を支えた大江広元《おおえのひろもと》のように、鎌倉初期あるいはそれ以前から地方に京から下るものは多くいた。鎌倉中期以降の特徴は、鎌倉下向と定住が貴族や高位僧など上層部まで広がり、かつ京の公家社会に還流《カムバック》していくことにある。鎌倉は、一発逆転を狙える新天地だったのである。

このように京—鎌倉の往復が増加し、公家社会のミニチュアが鎌倉にできていくと、次第に観念・言説上でのふたつの都の距離が近づいていく。前述した関東祗候廷臣の冷泉為相は「今の時代、京都と鎌倉の違いなどありません」（『大手鑑《おおてかがみ》』所収冷泉為相申状）と言い放っている。また、穢《けがれ》の伝達についての研究によれば、承久の乱後の公家政権は、鎌倉で幕府の指導者が死去した場合、京都市中で天皇や高位のものが死んだときの穢（天下穢）と同じあつかいとし、神事などを慎むようになったという［片岡二〇一四］。これまで述べてきたような京—鎌倉の交流が、二都を一体視する言説を生んだといえよう。公家・武家は、社会的なレベルで融合していったのである。

かかる東西の還流の構造がうまれた背景には、承久の乱以後の幕府が公家社会への介入を強めていくことにあった。逆にいえば、鎌倉に集う人びとが、介入をエスカレートさせる素地となっていたのである。

五 「協調」の次へ

東日本に生まれたもう一つの中心

以上、鎌倉幕府が介入を強めていく構造を、諸研究の成果をもとに俯瞰してみた。漠然と一般的に思われているような武家が公家を圧倒していくイメージとはかなり異なるのではないだろうか。公武は単純に分かれて対立していたわけではなく、複雑に絡み合っていたのである。少なくとも学問的水準では、単純な〝公武対立史観〟が復活する余地はないであろう。

そのことを踏まえたうえで、協調一辺倒ではない公武の関係を探っていく必要がある。冒頭に述べたように、鎌倉幕府は部分的な存在である。とはいえ、公家政権や大寺社とくらべれば相対的に大きく強いことは間違いない。鎌倉時代という呼称に対する疑問を冒頭に紹介したが、幕府が日本全体にヘゲモニーを発揮し、鎌倉が京都とならぶもう一つの中心となっていく時代と考えれば、あながち不適切ともいえない。鎌倉に政権ができたことが、日本の比重が東に傾き、江戸・東京と東日本が優位に立っていく事態につながることを考えれば、鎌倉幕府の時代は日本史上大きな画期だったといえる。

＊1　もっとも、領主制論に立つ石母田正にしても、鎌倉幕府が公家政権と妥協的であることは（幕府の不徹底性を示すものとしてとはいえ）指摘していた。権門体制論の提起に対し、領主制論の立場をとる永原慶二は直ちに批判を加え論争化した［永原一九七三］が、当初の論点は、公家と武家との階級的基盤・権力編成方式が同質か異質か、ということであった。幕府が政治的には（つまり上部構造のレベルでは）朝廷に妥協的であり、相互補完状態であることは批判者の永原も承知していた。権門体制論を批判する学説が単純に〝公武対立史観〟と割り切れるものではなく、公武協調の権門体制論と公武対立の東国国家論［佐藤進一一九八三］というよく言われる構図もそこまで単純ではないことには注意が必要である。

＊2　ただ、近年は、承久以後もすべてが変わったわけではないことが着目されはじめている［高橋二〇二〇、佐藤雄基二〇二一］。寛元―宝治年間（ほぼ一二四〇年代）までは流動的状況であり、九条道家が、将軍・藤原頼経との父子関係をテコに幕府に影響力を発揮し、かつての後鳥羽上皇のような公武を横断する政治勢力となるような事態もあった。いわば〝戦前〟の残存ともいえるが、本稿では、承久の乱後の〝戦後体制〟の方向性が過渡期を経て寛元―宝治年間に確立するものと考え、承久の乱の画期性を認めたい。

＊3　なお「続古今和歌集」（文永二年［一二六五］奏覧）においても、反御子左派の真観と将軍宗尊親王による介入が想定されており、武家関与の初例として知られる［小川二〇〇八］。

参考文献

赤澤春彦「「関東御医師」考」（『中央史学』二九、二〇〇六）
赤澤春彦『鎌倉期官人陰陽師の研究』（吉川弘文館、二〇一一）
赤澤春彦「鎌倉幕府を支える様々な人々」（秋山哲雄・田中大喜・野口華世編『増補改訂新版　日本中世史入門』勉誠出版、二〇二一）
石田浩子「醍醐寺地蔵院親玄の関東下向」（『ヒストリア』一九〇、二〇〇四）

石母田正『石母田正著作集　第五巻　中世的世界の形成』（岩波書店、一九八八、初出一九四六）
石母田正『石母田正著作集　第六巻　古代末期の政治過程および政治形態』（岩波書店、一九八九）
市沢哲『日本中世公家政治史の研究』（校倉書房、二〇一一）
稲葉伸道「鎌倉幕府の寺社政策に関する覚書」（同『日本中世の王朝・幕府と寺社』吉川弘文館、二〇一九、初出一九九九）
井上宗雄『改訂新版　中世歌壇史の研究　南北朝期』（明治書院、一九八七）
上杉和彦「鎌倉幕府法の効力について」（同『日本中世法体系成立史論』校倉書房、一九九六、初出一九八八）
上横手雅敬『鎌倉時代政治史研究』（吉川弘文館、一九九一）
海老名尚「鎌倉幕府の顕密寺院政策」（『北海道教育大学紀要　人文科学・社会科学編』六一（二）、二〇一一）
岡野友彦「池大納言家領の伝領と関東祗候廷臣」（同『中世久我家と久我家領荘園』続群書類従完成会、二〇〇二、初出一九九九）
小川剛生「藤原茂範伝の考察」（『和漢比較文学』一二号、一九九四）
小川剛生「歌道家の人々と公家政権」（同『中世和歌史の研究』塙書房、二〇一七、初出二〇〇二）
小川剛生「京極為兼と公家政権」（『文学』四（六）、二〇〇三）
小川剛生『武士はなぜ歌を詠むか』（角川選書、二〇一六、初出二〇〇八）
小川剛生「鎌倉武士と和歌」（村井章介編『東アジアのなかの建長寺』勉誠出版、二〇一四）

小川剛生『兼好法師』（中公新書、二〇一七）
筧雅博「道蘊・浄仙・城入道」（『三浦古文化』三八、一九八五）
片岡耕平『日本中世の穢と秩序意識』（吉川弘文館、二〇一四）
川合康「武家の天皇観」（同『鎌倉幕府成立史の研究』校倉書房、二〇〇四、初出一九九五）
神田裕理編著『伝奏と呼ばれた人々』（ミネルヴァ書房、二〇一七）
木村英一『鎌倉時代公武関係と六波羅探題』（清文堂、二〇一六）
黒田俊雄『黒田俊雄著作集　第一巻　権門体制論』（法藏館、一九九四）
河内祥輔『日本中世の朝廷・幕府体制』（吉川弘文館、二〇〇七）
河内祥輔・新田一郎『天皇の歴史〇四　天皇と中世の武家』（講談社学術文庫、二〇一八、原刊二〇一一）
佐伯智広『皇位継承の中世史』（吉川弘文館、二〇一九）
坂井孝一『源実朝』（講談社選書メチエ、二〇一四）
佐藤進一『日本の中世国家』（岩波文庫、二〇二〇、初刊一九八三）
佐藤雄基「鎌倉幕府の《裁判》と中世国家・社会」（『歴史学研究』一〇〇七、二〇二一）
三田武繁『鎌倉幕府体制成立史の研究』（吉川弘文館、二〇〇七）
鈴木芳道「鎌倉時代の公武婚」（『鷹陵史学』三〇、二〇〇四）
曽我部愛「後高倉王家の政治的位置」（『ヒストリア』二一七、二〇〇九）
平雅行「鎌倉幕府の宗教政策について」（小松和彦、都出比呂志編『日本古代の葬制と社会関係の基礎的研

究』大阪大学文学部、一九九五）
平雅行「鎌倉山門派の成立と展開」（『大阪大学大学院文学研究科紀要』四〇、二〇〇〇）
平雅行「鎌倉における顕密仏教の展開」（伊藤唯真編『日本仏教の形成と展開』法藏館、二〇〇二）
平雅行「鎌倉幕府の将軍祈祷に関する一史料」（『大阪大学大学院文学研究科紀要』四七、二〇〇七）
平雅行「鎌倉寺門派の成立と展開」（『大阪大学大学院文学研究科紀要』四九、二〇〇九）
高橋典幸「武士にとっての天皇」（同『鎌倉幕府軍制と御家人制』吉川弘文館、二〇〇八、初出二〇〇二）
高橋典幸「鎌倉幕府と朝幕関係」（『日本史研究』六九五、二〇二〇）
永井晋「中原師員と清原教隆」（同『金沢北条氏の研究』八木書店、二〇〇六、初出一九八八）
永井晋「元徳年間の新出金沢貞顕書状について」（同『金沢北条氏の研究』八木書店、二〇〇六、初出二〇〇一）
永井晋「本覚大師諡号事件にみる中世国家の意思決定」（『日本仏教綜合研究』六、二〇〇八）
永井晋編『鎌倉僧歴事典』（八木書店、二〇二〇）
永原慶二『日本中世社会構造の研究』（岩波書店、一九七三）
橋本初子「関東と密教僧」（『三浦古文化』五五、一九九四）
本郷和人『中世朝廷訴訟の研究』（東京大学出版会、一九九五）
宮崎肇「鎌倉時代の書と世尊寺家」（『史観』一五一、二〇〇四）
桃崎有一郎「鎌倉末期の得宗家儀礼に見る長崎円喜・安達時顕政権の苦境」（『日本史研究』六八四、二〇一

九)
森茂暁「鎌倉後期の朝幕関係」(同『増補改訂 南北朝期公武関係史の研究』思文閣出版、二〇〇八、初出一九八二)
森茂暁『鎌倉時代の朝幕関係』(思文閣出版、一九九一)
森茂暁「文保の和談の経緯とその政治的背景」(『日本歴史』七三九、二〇〇九)
森幸夫「平頼綱と公家政権」(『三浦古文化』五四、一九九四)
森幸夫『六波羅探題の研究』(続群書類従完成会、二〇〇五)
森幸夫「歌人源具親とその周辺」(『鎌倉遺文研究』四〇、二〇一七)
安田次郎『中世の興福寺と大和』(山川出版社、二〇〇一)
山田邦和「後醍醐天皇の大内裏再建計画」(中尾芳治編『難波宮と古代都城』同成社、二〇二〇)
湯山学「関東祗候の廷臣」(同『相模国の中世史　増補版』岩田書院、二〇一三、初出一九八八)

第二章　公・武の関係をどうとらえるか

【室町幕府と公家寺社】

山田徹

一　今谷明の「王権簒奪《さんだつ》計画」説

進展が著しい公武関係史研究

鎌倉・室町両幕府を比較した際に、室町幕府のほうの「強さ」が最もきわだつのは、どういう点だろうか。そう問われたときにまず候補に挙がるのが、朝廷・公家社会との関係である。

南朝との対抗上、室町幕府は創立期以来京都に政権を置き続け、結果として鎌倉幕府以上に朝廷・公家社会（の人びと）と日常的に接触し続けることとなったが、とくに室町幕府最盛期を現出した三代目足利義満《あしかがよしみつ》からの数代は、公家社会にも大きな影響力を持っていた。

この点について、通俗的には公家と武家の対立を前提にしつつ、「幕府が朝廷を支配した」もしくは「幕府が朝廷を超克した」などと表現されることもある。厳密にいえば、幕府の長たる足利将軍家当主が、公家社会に参入し、公家廷臣《ていしん》たちを従えていくもう一つの顔を獲得していった、というのが実情なのだが、ともかくもこのような対朝廷・公家社会との関係が、室町幕府・足利将軍家にとって、どちらかといえば「強い」側面と評価しうる部分であるのは間違いない。

こうしたテーマについては、**公武関係史**《こうぶかんけいし》——朝廷（公家）と幕府（武家）の関係史という意味である——というジャンルで研究がおこなわれている。南北朝・室町時代の研究はここ二〇年ほどの間に大きく蓄積されていったが、実はこの分野は、なかでもとりわけ爆発的に研究が進展した分野といってよい。

筆者自身は、これまで主に室町幕府の研究を中心におこないつつ、当該期の政治史についてもいくつかの論考を執筆してきたが、必ずしも公武関係史を研究の中心としてきたわけではない。しかし、後述する今谷明《いまたにあきら》の議論への批判を起爆剤にしながら、公武関係史研究が深化していくのを間近で感じてきた一人ではあるものと思う。

本章では、そのような筆者なりの立場からということになってしまうが、そのようにしてここ二〇年ほどの間に進展した公武関係史研究の流れとその問題点を整理しつつ、今後の展望をおこなってみることとしたい。

今谷明『室町の王権』のインパクト

今谷明が一九九〇年に刊行した『室町の王権　足利義満の王権簒奪計画』〔今谷一九九〇。以下、本書〕は、天皇の「代替わり」前後の社会に、大きなインパクトを与えた書物である。

本書は、副題にあるとおり、足利義満による「王権簒奪《おうけんさんだつ》計画」を論じたものだが、ここで「王権」という言葉が使用されている点には若干の注意が必要だろう。本書で主張されている、晩年の義満が皇位を自らの子孫（義嗣《よしつぎ》）に継がせようとしていたという説については、古くからいわれてきたところである〔田中義成一九二三など〕。しかし、本書は、ただそのような「皇位簒奪」説をなぞるだけではなく、以下に述べるような点を背景としつつ、独特な論理構成を取っているのである。

ここでいう「王権」（英 kingship）とは、『異形の王権』〔網野一九八六〕を著した網野善彦《あみのよしひこ》が、山口昌男《やまぐちまさお》との対談のなかで「王権の構造をもっと人間社会の中に普遍化して、天皇の問題まで全部ひっくるめた上で考えてみる必要がありはしないか」と述べている〔網野・山口一九八五〕とおり、いわゆる天皇の「代替わり」前後の時代状況下で、ともすれば日本特有のものと論じられかねない天皇制の問題を、普遍的な構造でとらえることを意識しながら導入された用語であった。今谷自身は、本来副題を「皇位簒奪」とするつもりだったのに、出版社の意向によって不本意ながら「王権簒奪」となったことを述べている［今谷ほか一九九二］が、その一方で、網野が提起した「天皇家がなぜ続いてきたか」という問いを掲げていて、大枠で網野の問いを継承するスタンスを示しているのも事実である。

さて、そうした問題関心をある程度共有しながらも、とくに今谷に特徴的なのが、「権威に関わる事象」として、皇位継承のほか、改元《かいげん》・祭祀《さいし》・叙任《じょにん》などの具体的な領域を取り上げ、それを「権限」の問題として論じたことである。このような論じ方は、日本中世史のなかで強い影響力を有する法制史《ほうせいし》的なとらえ方を背景としたもので、具体的には、南北朝・室町期の研究に多大な影響を与えた佐藤進《さとうしん》一《いち》の制度史研究にさかのぼり［佐藤一九六三など］、とくに朝廷に関しては、上皇・天皇の権限を整理した富田正弘《とみたまさひろ》の研究を前提としている［富田一九八九］。

足利義満肖像　飛鳥井雅縁和歌賛
［鹿苑寺蔵］

本書の前半では、そのような諸領域のうち、義満が廷臣や僧侶の叙位任官について強く関与するようになったこと、北山殿《きたやまどの》で密教の大規模な祈祷や、中国的色彩が濃厚な陰陽道《おんようどう》の祈祷をおこなうようになったことなどが順次示されていき、それによって、そのような「叙任権」や「祭祀権」が義満のもとに掌握されていったことが論じられている（なお、改元への介入のみは、不成功に終わったと評価している）。

今谷はこのように、世俗権を失ったのちにも天皇の手元に残されていた権威に関わる諸「権限」（叙任権・祭祀権）が、義満の手元に掌握されていく方向性を、「皇位簒奪」につながっていくものと理解した。これによって、若き義満が公家社会に参入し、後円融《ごえんゆう》上皇と対立しながら公家廷臣を従わせていった一三八〇年代から、内裏《だいり》における義嗣元服や北山殿行幸を実現した義満最晩年（一四〇八年没）までの過程が、一連の流れとみなされることとなる。

「王権簒奪計画」という用語を副題に入れ、当初から「計画」があったかのように論じたのもこの点と関わるところだが、そのような論理構成に今谷説の大きな特徴があるといえる。

また、本書の後半で示されるとおり、そのようにして確立に向かいつつあった義満の「王権」を「日本国王」という用語で表現した点も特徴的である。この点も、天皇に代わる権威を明の皇帝に求めたとする佐藤進一の議論を前提としたものであったが、側近の廷臣が義満の命を承って発給した文書について、「国王御教書《こくおうみぎょうしょ》」という名を与えるなど、今谷の議論のなかでもこだわりがみえる部分といってよい。

議論百出した今谷説への批判

以上のような今谷説に対しては、さっそく史料解釈や用語などについて疑義が呈されたほか［山家一九九二］、河内祥輔《こうちしょうすけ》が①義嗣の即位という計画が本当に存在したかどうか実証できないこと、②「日本国王」の号は対外関係にのみ使用されたもので、国内向けには使用されなかったことなどを指摘している［河内一九九二］。

また、このうち②の論点については、そののち村井章介《むらいしょうすけ》や橋本雄《はしもとゆう》なども「日本国王」があくまで「通交名義」であることを確認しつつ、改めて強調している［村井一九九五・橋本二〇〇〇など。なお、この点については田中健夫一九八七の検討が重要である］。

しかし、このように今谷説の問題点が指摘されながらも、今谷がそののち『戦国大名と天皇』『信長と天皇』『武家と天皇』『天皇と天下人』［今谷一九九二①②・一九九三①②］という一連の著作を相次いで刊行し、「代替わり」後の社会に強いインパクトを与え続けたこともあって、この今谷説の検証を含めた関連分野の研究は大きく進展していくこととなる。

筆者は、この時期以降に進展した公武関係史の研究について、幕府側がどのように天皇・朝廷をとらえ、関わっていたのかという点を、

（1）社会状況なども踏まえて幅広い視野からとらえなおそうとする**「武家側の視角」**からの研究

（2）公家社会内部の制度や常識を踏まえたうえで、そのなかで室町殿がどのように位置づけられるのかを論じる**「公家側の視角」**からの研究

に大きく二分できること、そしてその二つのアプローチによる研究動向が絡み合いながら展開していったことなどを指摘できると考えている。

以下では、この二つの動向と到達点を整理したい。

二　武家側の視角

朝廷を擁立せざるをえない幕府側の事情とは？

まずは、義満以前の分析に比重のある、「武家側の視角」からの研究をみていきたい。

室町幕府にとって天皇・朝廷がどのようなものだったのか、なぜ必要だったのかという点については、以前からいくつかの指摘があったが、この今谷説以後の研究として重要なのが、川合《かわい》康《やすし》・市澤《いちざわ》哲《てつ》・松永《まつなが》和浩《かずひろ》の論考である。

川合康は、南朝勢力と戦う室町幕府軍が、その戦争を北朝の戦争として演出せざるをえず、自己を「北朝の軍隊」として位置づけたために、天皇を不可欠とする体制をとらざるをえなかったと論じた［川合一九九五］。また市澤哲は、皇族や公家が指揮官として戦場に臨んでいた南朝では、武士が天皇・皇子を権威として利用しやすい状態になっていたこと、つまり天皇・皇子が「いつ担ぎ出されるかわからぬ存在」だったことに注目する。そのため足利氏は、自己が擁立《ようりつ》した北朝を「他の武士から慎重に遠ざけておかねばならなかった」のだと、市澤

天皇家・足利将軍家関係系図

※数字は就任の代数を示す

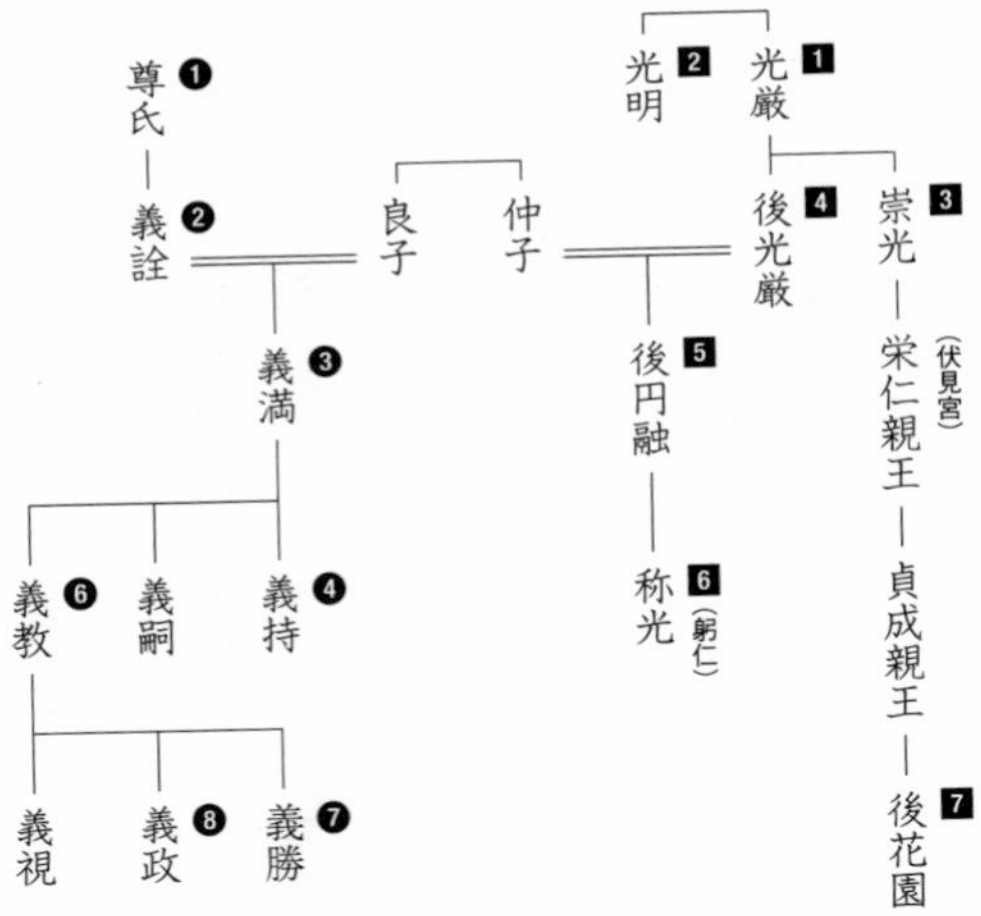

は指摘している［市澤一九九六］。

また市澤は、観応《かんのう》の擾《じょう》乱《らん》以後の状況の変化についても言及している。市澤は、南朝に光厳《こうごん》・光明《こうみょう》両上皇、崇光《すこう》天皇を連行され、後光厳天皇擁立を余儀なくされた幕府が、求心力の低い北朝の再建をはかる必要から、所領没収など公家の厳罰にまで踏み込んでいったことを論じた［市澤二〇〇三］。

さらに松永和浩は、公家廷臣たちの儀礼への出仕状況や、幕府側からの費用拠出について分析をおこない、擾乱以後の朝廷の深刻な状況をより鮮明に描き出しつつ、それを幕府が従来以上に主体的に朝廷へ関わっていかざるをえなかった背景として論じている［松永二〇〇六①②・二〇〇八］。

以上のような議論によって、室町幕府が朝廷を擁立したり、朝廷内部の問題に深く関わったりすることが、必ずしも幕府側の積極性によるものではなかった点が明らかにされていった。この間の歴史過程は、あえていうならば、戦乱に起因する段階ごとの状況に規定されつつ、結果的に進展したものだったのである。

従来は、ともすれば朝廷・幕府を本質的に対立するものとする理解が自明の前提とされることさえあったが、そうした見方も相対化され、両者の関係は段階ごとの実態に即して描かれる傾向を強めたのである。

「権限」論への批判

こうした研究進展のなかでさらに問題とされたのが、「権限」を基軸にした描き方である。

先述のように、このような描き方は佐藤進一の提示した法制史的な説明に由来するが、松永和浩や早島大祐《はやしまだいすけ》は、今谷のみならずそのような根源的なところまでさかのぼって、描き方自体を批判した［松永二〇〇七・早島二〇一〇］。ポイントは、次の二点である。

①実態とは異なる「権限」を、議論の前提としてしまうという問題

②諸主体に「権限」を獲得しようとする志向（や他者に「権限」を渡したくないと考える志向）があったことを前提にして、実態と異なる歴史過程を描いてしまうという問題

一連の議論のうち、室町幕府による都市京都の警察権・裁判権・課税権（佐藤はこれを「京都市政権」と表現した）獲得について論じた佐藤進一説を具体的に批判した早島大祐の議論がわかりやすいので、ここではそれを参照しつつ整理しておきたい。

まず、比較的理解しやすいのが②の問題、つまり歴史過程の描き方の問題である。従来は公・武間の対立的志向が前提とされつつ、幕府に朝廷の「権限」を「奪取」「吸収」しようとする志向があったかのように描かれることもあった。ところが、それに対して早島は、京都における検断《けんだん》（犯罪などの取り締まり）や課税の問題について検討し、朝廷側が幕府を頼り、こうした機能を委ねていったような面があることを指摘している。また、裁判に関しては、訴訟を提起したい当事者たちが、より実効性の高い提訴先として幕府（義満や侍所《さむらいどころ》）

を選んでいったことを強調している。

要は、幕府の志向よりも、朝廷や訴訟当事者たちの動きのほうが、実態としては重要だったということである。これまでの枠組みが、「幕府が朝廷を超克する」という通俗的な説明に近い面をもっていたことを考えると、こうした指摘はたしかに重要な部分を突くものであった。

一方で、より根本的なのが①、つまり「権限」の内実に関する事実誤認や拡大解釈の問題である。以前から指摘があるが、室町幕府による京都の都市民への課税は、寺社祭礼の負担構造を前提にしながら新たに創出されたもので、朝廷から引き継いだものではなかった［馬田一九七七・下坂二〇〇一］。朝廷の「課税権」というものを前提としつつ、それが幕府へ移行した、という図式で描いてしまうのは、明確にミスリードといわねばなるまい。

京都の土地支配について、朝廷の官司《かんし》（役所）である検非違使庁《けびいしちょう》と室町幕府の侍所とでは質が異なっていることを示した大村拓生《おおむらたくお》［大村二〇〇六］の指摘などを考慮するならば、やはり朝廷・室町幕府の果たした役割・機能の連続性や同質性を無条件に前提にしないほうがよいと思われる。

このように「権限」の「奪取」「吸収」という論じ方には、多くの問題が指摘されている。

もちろん、「権限」という法制史的な表現を避け、「検断、賦課《ふか》、訴訟対応などの役割や機能を誰が果たしていたのか」「そのような役割・機能の担い手がどのように変化したのか」などというように、「役割」「機能」という表現に置き換えさえすれば、「権限」論を前提に蓄積されてきた従来の研究成果にも継承できる部分は多々ある。そのように表現を置き換えたうえで、役割・機能の連続・非連続、そして質の違いといった点が、今後も引き続き研究上の論点となっていくことであろう。

三　公家側の視角

桜井英治『室町人の精神』の重大な問題提起

続いて、第二の視角、すなわち「公家側の視角」のほうに目を向けよう。端的にいえば、狭義の朝廷儀礼をはじめ、文芸・遊興に至るまで、当時の公家社会における感覚や常識を明らかにしたうえで、義満以降の室町殿を位置づけようとする動向である。

おそらく、そのような研究動向の大きな契機になったのが二〇〇一年刊行の桜井英治《さくらいえいじ》『室町人の精神』である［桜井二〇〇一。以下、本書］。

本書は、さまざまな分野についての重要な指摘を含む名著だが、ここで桜井は、今谷説への批判を一論点として取り上げている。すでに指摘されていた諸問題を紹介するだけでなく、たとえば義満の母・紀良子《きのよしこ》が順徳《じゅんとく》天皇の血を引くことを強調する今谷説に対して、皇位継承のうえで母方の血は問題にならないことを論じるなど、さまざまな点から今谷の「皇位簒奪」説への疑問を徹底的に提示している。

もちろん先述のように、それ以前にも今谷説への疑問は出されていたが、この『室町人の精神』刊行以前の研究者の発言として、次のようなものがあったことに注意したい。たとえば新田一郎《にったいちろう》は、足利義満の動きについて、「『天皇家の危機』ではありえたかもしれないが、『天皇制の危機』ではなかったのではなかろうか」と述べている［新田一九九三］。川合なども言及するこの新田の発言は、趣旨としては「「天皇制の危機」ではなかったのでは」という点に重きがあるのだが、その一方で、義満の動きが「天皇家の危機」であった可能性（天皇家以外に皇位がわたる可能性）を完全に否定していないのも事実であった。

また、日本国王号について今谷を批判する村井章介も「彼があとわずか長生きしたら、革命は——長つづきしたとは思えないにせよ——現実のものとなっただろう」などと述べており、「義嗣を皇位につけ義満自身が法皇になるというプラン」「王権簒奪プログラム」の存在を明確に肯定している［村井一九九五］。ここでいう「革命」とは易姓革命《えきせいかくめい》、つまり王朝が交代することを指しており、そのような「革命」が起こりえた可能性を意識しているのである［なお、村井二〇〇三にも同様の内容が記されている］。

ところが、桜井は、『室町人の精神』において次のように述べている。

そもそも皇統は天皇（の血）から発生するものであって上皇（の号）から発生するものではない。このもっとも基本的な理解を忘れた点に「義満の皇位簒奪計画」説の誤りがあったといえよう。

天皇家の相続には血統こそが重要であって、上皇の号を獲得しようがまったく関係ない、という立場から、「天皇家の危機」が生じ得た可能性自体すら、根本的に葬り去ろうとしているのがよくわかるだろう。『室町人の精神』の指摘には新たな研究の方向性を指し示すものが多く、以後の研究に多くの影響を与えたが、この分野に関しても、まさにこれに前後する頃から関連研究が爆発的に進展し始めることとなる。

義満を引き込もうとする廷臣たち

今谷批判という文脈で考えた時にまず挙げたいのが、北朝の重鎮で、公家儀礼や芸能に通じる一流の文化人でもあった二条良基《にじようよしもと》の事跡を検討する、小川剛生《おがわたけお》の研究である［小川二〇〇三・二〇〇五など］。

小川の研究は、未翻刻《みほんこく》のものを含む多数の書物を縦横無尽に駆使する分野横断的なもので、まさに当該分野の研究を大きく牽引するものであった。観応の擾乱以後の朝廷儀礼が危機に瀕していたことを描き出す点などにおいて、前述の松永論文にも大きな影響を与えているが、そのうえで注目されるのは、そうした状況に危機感を抱いた二条良基が、儀礼復興を図るために幕府の長を公家社会に引き込もうとしていたと指摘する点である。これによって、一三八〇年代の前後における義満の公家社会進出も、そのような良基の思惑に応じたものと理解されるようになった。

また家永遵嗣《いえながじゅんじ》は、対立関係にある崇光流・後光厳流の両皇統（64頁）のうち、後光厳流を擁護するという点で義満の行動が一貫していることに注目しつつ、そのような義満が公家

二条良基像
［同志社大学歴史資料館蔵］

社会に入っていく前提として、後光厳流の安定的な皇位継承をめざしていた日野宣子《ひののぶこ》周辺の人々による働きかけが重要であったことを指摘している［家永二〇〇九］。

　このような研究を通じて、かつては単に義満に迎合する阿諛追従《あゆついしょう》とされることも多かった廷臣たちの動向について、彼らなりのビジョン・目的・主体性があったことがより強調されるようになった。

　そして、そのような働きかけをおこなった人々の果たした役割が評価されるにしたがい、義満の公家社会進出の背景についても、格段に理解が進んでいったのである。

否定されつつある「義満の院政」論

　一方、義満期の後半、すなわち義満があたかも上皇であるかのような扱いを受けた時期に関する研究も進んだ。

今谷説批判として大きな意味を有するのが、大田壮一郎《おおたそういちろう》の祈祷研究である。今谷説や今谷が前提とした富田正弘の説では、北山殿における祈祷は国家的なものとされており、そのような祈祷の実施は、国家的祈祷権の掌握によって可能になったと評価されていた。ところが大田は、そのような祈祷が有力貴族の個人的な目的（病気平癒や厄年など）のためにおこなわれる事例もあったことを鋭く指摘したうえで、北山殿における祈祷も義満の身体の護持を目的とするものに過ぎず、これを国家の問題に直接結びつけることはできないと論じたのである［大田二〇〇七］。国家的祈祷権という概念に対するこの批判は、先述の松永による「権限」論批判と呼応する重要なものと評価された。

また、新史料を紹介しつつ、明使との対面儀礼の実態を描き出した橋本雄の研究も興味深い。明との関係を国家史の問題に安易に結びつけることを戒める橋本は、この史料の分析を通じて、そこに集まっていた公卿や僧侶は普段から北山殿での祈祷に集まっていた「義満の『寵臣《ちょうしん》』たち」とかかわりがなかったと論じており、この儀礼も「ごく内輪の儀礼」に過ぎなかったと評価している。この橋本の議論は、直接的には義満がこの儀礼を外部に喧伝《けんでん》していたかのようにとらえてきた外交史の議論への批判だが［石田・橋本二〇一〇、橋本二〇一一］、これも大田の議論と同様に、今谷説を批判するような面も合わせ持っていた。

義満が皇位につけようとしていたともされる足利義嗣関連では、石原比伊呂《いしはらひいろ》の研究が注目される。従来は、応永一五年（一四〇八）三月八〜二八日におこなわれた後小松《ごこまつ》天皇の北山殿行幸や、四月二五日に義嗣が内裏《だいり》で元服したことなどが注目され、これらによって義嗣が皇位継承者として周知されていったとされてきた。ところが石原は、これらを分析しつつ、義嗣がそのように位置づけられていたとは到底いえないことを論じ、元服儀礼については、親王や皇位継承者の例ではなく、摂関家の例に準拠したのではないかと推測している［石原二〇一二①②］。

また、小川剛生も、義満晩年の古記録を改めて読みなおし、義満がたしかに尊号（上皇の号）を宣下《せんげ》されたいという意志をもっていたことを確認しているが、にもかかわらず、それを受け入れない廷臣たちが、義満に表面上の妥協を重ねつつも、肝腎の尊号宣下を先送りにし続けていたと論じている［小川二〇一二］。

石原比伊呂は、以上のような諸研究を総合的にまとめつつ、今谷説が成立しえないことを改めて強調している［石原二〇一五］。このような過程を経て、今谷説の問題が改めて強調され、より強く否定されることとなったのである。

公家社会研究の原動力、古記録研究

以上のように「公家側の視角」からの研究は大きく進展したが、そのような到達点の根底にあったのが、貴族の日記など、古記録の調査・公開である。

古記録は天皇家や公家廷臣諸家の文庫に書写されつつ継承・蓄積されるものだが、そのような禁裏《きんり》文庫・公家文庫について、東京大学史料編纂所や国立歴史民俗博物館などで共同研究が進められたのである。

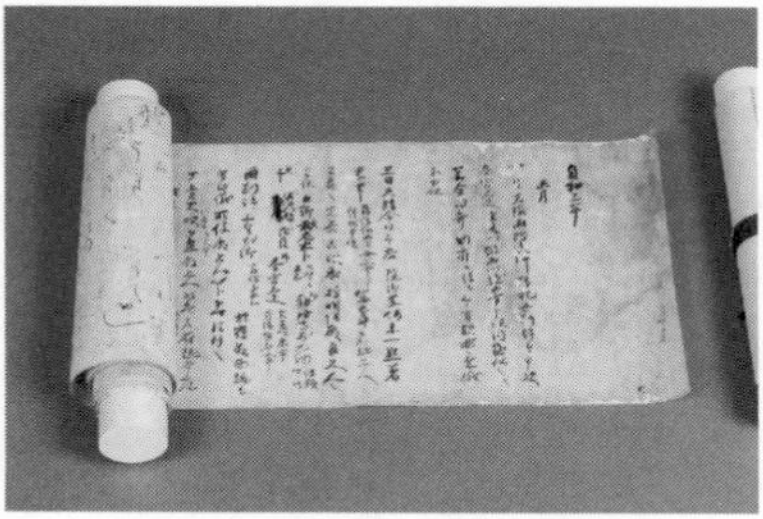

中院一品記［東京大学史料編纂所蔵］

二〇〇三年より刊行されている『禁裏・公家文庫研究』などに結実した関連研究の成果には、目を見張るものがある。また、そうした諸事業と直接・間接に関係しながら、古記録の翻刻・刊行も大きく進んだ。研究の基礎条件を根底的に改善するこのような動きそのものが、朝廷・公家社会研究の推進力だったわけである。

前々項・前項での紹介は、さしあたって今谷説への批判に関連するものに限ったが、朝廷・公家社会研究の裾野はさらに広い。

「朝廷儀礼・制度に関する基礎的研究・理解」の重要性を強調しつつ、公家社会の身分・礼節・儀礼の問題を丹念に論じた桃崎有一郎《ももさきゆういちろう》の研究〔桃崎二〇〇七・二〇一〇〕など、当時の公家社会の人びとにとって「当たり前」だったと思われる制度的・慣習的・文化的な諸要素を解明する研究が進展しつつある点は、とくに注目されるところである。

このほかにも、朝廷公事の財政史的な問題を掘り下げた久水俊和《ひさみずとしかず》の研究〔久水二〇一一〕など、さまざまなかたちで研究水準は一新されつつあり、前項で挙げたのはあくまでそのようにして地道に進展しつつある諸研究のほんの一端にすぎないのである。

四 今後の展望

政治史研究にとって大事な視角とは?

以上のように進展した一連の研究の到達点として、とくに確認しておきたいのが、次の点が当然の視角として定着したことである。

第一に、**段階ごとの差違を重視する視角**である。たとえば先述のように、今谷が「王権簒奪」という文脈で語ってきたものを批判していく際に、義満が公家社会に進出して廷臣たちを従えていく段階と、義満が上皇であるかのような扱いを受けるようになった段階が、まったく別の段階であることが理解されるようになっている。おおよそ明徳《めいとく》四年（一三九三）の後円融上皇の没が境目とされるこのような時期区分を無視し、前後の事象を一緒くたにするような義満論は、もはや論外となっているといってよい。

義満期に次いで研究が進んだのは、次代の義持《よしもち》の時期であるが［桃崎二〇〇九など］、その他の時期の足利将軍家と朝廷・公家社会との関係についても、さまざまな側面に光を当てる検討が、順次深化しつつあるところである［富田一九八九、安田二〇〇二、水野二〇〇五、松永二〇一三、石原二〇一五、桃崎二〇二〇など］。時期ごとの変化を実証的に解明していく傾向はより強まっている。

第二に、**さまざまな主体の動向を視野に入れるという視角**である。以前は、たんに室町殿側の意図や動向のみ、もしくは室町殿と天皇家との関係のみで公武関係史が描かれることもあったが、公家廷臣の主体性と役割が評価されるようになって以後の公武関係史研究は、それだけでは完結しない。さまざまな人物を視野に入れつつ、個人・集団の個別的な動向がどのような相互作用をみせ、歴史過程に結果していくことになるのか、見定めていくことが必須の作業となったのである。

第三に、**あくまで**（個々の人物ではどうしようもないような）**状況に規定された結果として、事態の推移をとらえようとする視角**である。先ほどはこの傾向について、戦争のような社会状況を念頭に置いた「武家側の視角」について述べたが、今述べた第二の点とも関連させていえば、複数の人物や集団の動向の相互作用というのも、そのような「状況」を構成する要素の一つといえるだろう。

以上の三点は、そもそも政治過程を研究するうえである意味「当たり前」の視角であったはずだが、これまではそうした点の追究よりは、大局的な構図や大きな流れを把握するほうが重視されてきた。もちろん、そのことも依然として重要ではあるのだが、こういった基礎的な点を把握しつつ政治史を論じることの価値が広く認識されるようになってきたことは、やはり評価すべきところである。

今谷批判を起爆剤にしつつ進展してきた先述の研究動向は、このような意味において、新たな政治史研究の積極的実践ということも可能である。そういった点まで含めて、現段階における到達点として強調しておきたい。

「皇位簒奪」論のその後

以上のようにここ二〇年ほどの研究動向と到達点を整理したうえで、その問題点がどこにあるのかや、今後の展望についても言及していきたい。

まず確認しておきたいのは、激しく展開された今谷説批判の論調のなかにも、気にかかる部分があることである。

たとえば、先ほど足利義嗣の元服について紹介した石原比伊呂説に対して、批判が提出されている点に触れよう。石原は、足利義嗣の元服儀礼を「皇位簒奪」に結びつけようとする今谷説を批判するために、義嗣のように内裏で元服する事例がそれ以前の摂関家でもみられることを確認するとともに、東宮《とうぐう》（皇太子）や親王の元服に性急に結びつけるべきではないと論じていた。

ところがそれに対して、森幸夫《もりゆきお》が批判を提出した［森幸夫二〇一四］。森は、「足利家正統伝譜」という史料にみえる義嗣元服関連の記事を、当時の関白であった一条経嗣《いちじょうつねつぎ》の日記から抜き書きされたものと認定したうえで、その史料に義嗣の内裏での元服が、摂関家の元服儀礼にならう部分をもちながらも、基本的には応安六年（一三七三）の緒仁《おひと》親王（のちの後円融天皇）の元服にならったものと記されていることに注目したのである。石原が使用した史料とは異なり、この記事には元服の儀礼に後小松天皇が臨席していたことや、義嗣を「若《わか》宮《みや》」と呼ばせようとしていたことなども記されており、なかなか興味深い議論である。

この記事の史料的性格をどう理解するかという点には難しい問題がまだ残っているようにも思われるが、実際に山科教言《やましなのりとき》という公家廷臣の日記をみれば、この時期の義嗣が皇族でもないのに「若宮」と呼ばれるようになっている点は紛れもない事実である。この呼称が公家廷臣側から自発的に出てくるとは基本的に考えがたく、やはり義満の意によると考えるべきなのだろう。そうした点を考慮すると、たしかに今谷が述べていたように義嗣を「次期天皇」とするような動きであったとまではいいがたいにしても、「皇族でないにもかかわらず、義嗣を親王扱いさせようとしていた」こと自体は、事実と考えてよさそうである。

また、小川剛生が改めて史料の丁寧な読みを示したように、義満が上皇の尊号を実際に望んでいたという点も、間違いなさそうである［小川二〇一二］。

このような諸点を受けて桃崎有一郎は、晩年の義満が自己の一家と天皇家を融合させる施策を重ねていたことは明らかだとしている。そして、そのことはたしかに公家社会の常識からすれば《ヽ》ありえないことだとしながらも、しかし、日本中世には時折、後醍醐天皇や義満のように、常識を歯牙《しが》にもかけず、やすやすと破壊してゆく権力者が現れる。とくに義満の場合、説明責任も何も果たさず、力（武力や人事権）を露骨に振りかざす形で権力を振るうという特色がある。「先例がない」「筋が通らない」という反論が、義満の権力の前に何の価値も持たないことは、多くの実例から明らかだ。その義満が、〝天皇の猶子《ゆうし》〟という設定だけを拠り所として、たとえば〝躬仁《みひと》が成長するまでの中継ぎ〟という名目で、義嗣親王の即位を押し切らないという確信が、どうしても持てない。

と述べている［桃崎二〇一七：一四八頁。桃崎二〇二〇でも似た趣旨の内容が記されている］（なお、「躬仁」とは、後小松天皇の皇子で、のちに称光天皇として即位する人物である）。

こうした桃崎の議論は先鋭的過ぎる論じ方にみえるかもしれないが、筆者もこの議論にある程度までは共感できる。公家社会の前例として「ありえない」ものであったとしても、それこそ義満がこれまでにも先例の壁をさまざまな面で乗り越えてきたことは認めねばならず、その点は軽視できないのである。加えて、今谷が義満の母親が順徳天皇の子孫であることを強調してしまったせいで混乱があったかもしれないが、当然ながら足利氏は皇族扱いではないものの、系図上大きくさかのぼれば天皇家の男系子孫である。この点も、改めて念頭には置いておいた方がよいのかもしれない。

もちろん義満が公家社会進出の当初から「簒奪計画」を抱いていたとは到底思われないし、最晩年でさえも明確な計画を有していたかどうかははっきりせず、今谷説がそのまま成り立つということはありえない。また、先述のような話は桃崎自身も「憶測」と記しているように、所詮ifの話である。しかし、仮に義満が長命であった場合に「皇位継承」に関わる何か新たな事態が起こりえた可能性まで、性急に否定してしまう必要もなかろう。晩年の義満がどこまで考えていたかという点については、「わからない」という結論を慎重に提示しておくのが、現段階では妥当であると考えている。

この問題は今後も意見が分かれるように思われるが、このように論者間で意見を異にする点は、他にもさまざまなところで確認される。ここ数年で刊行された、石原『足利将軍と室町幕府』『北朝の天皇』［石原二〇一八・二〇二〇］と桃崎『室町の覇者　足利義満』［桃崎二〇二〇］を読み比べるだけで、数多くの相違点を指摘することができる。今回細かい論点にまで踏み込んで記す余地は残念ながらないが、さまざまな問題の段階ごとの整理にはまだまだ不十分な部分も多い。また、個別的な動向を重視することと、公家社会全体を見通すことをどのように両立させるのか、という問題など、改めて考えるべき点も残されている。今後論者間の相互批判を経ながら、議論が深化していくことと思われる。

「武家側の視角」の再検討

こうした朝廷・公家社会の内部についての研究と合わせて注目しておきたいのが、外部との関わりについての研究である。

朝廷・公家社会関係の研究では、その内部の問題をすぐさま国家史と結びつけるような論調もみられるが、それに対して、「結局は朝廷のなかだけ、もしくは京都周辺だけという非常に狭い世界の話なのではないか」「朝廷や公家社会の問題を過大評価しすぎなのではないか」という疑問が、絶えず投げかけられてきた。先に触れた「武家側の視角」からの諸研究も、そのような立場から進められたものであり、今後もより広い視野から朝廷・公家社会の問題を考えようとする試みが、依然として重要なことはいうまでもない。

ただし、そう考える際に留意が必要なのが、そのように「武家側の視角」から公武関係を理解しようとする論者たちが、武家側の政治状況を参照する際に、意外にも古く、ステレオタイプな見方を、動かぬ前提としているようにみえる点である。

たとえば、川合康以来、南北朝期の足利将軍家が十分な権威を確立できておらず、他の武士、とくに他ならぬ足利一門が取って代わる危険性を有していたことが強調されており、そのような状況を克服するための手段として、朝廷の問題（北朝擁立や、義満の公家社会進出など）が位置づけられている。実はこうした理解は、かつて佐藤進一が幅広い視野から南北朝時代全体を展望した際に提示した枠組み［佐藤一九六三など］なのだが、実は「権限」の問題をめぐって佐藤の研究を強く批判してきた論者にも、かえって佐藤の議論をある程度前提にするような面があるといえるのである［水野二〇二〇］。しかし、現段階において、そういった古い枠組みに、どの程度まで依拠できるのだろうか。

たしかに、足利将軍家が一門や他の氏族によって相対化されてしまうような可能性は常に潜在していたはずで、足利尊氏が離反したのちに後醍醐《ごだいご》天皇が新田義貞《にったよしさだ》を重用したことや、観応の擾乱後に南朝が吉良満貞《きらみつさだ》を足利将軍家ゆかりの左馬頭《さまのかみ》に任じたこと——このことにより、南朝からは足利家嫡流《ちゃくりゅう》と認定されていた可能性もある［谷口二〇一三］——などを考慮すると、この問題が実際に強く意識される時期はあったと考えておいたほうがよい。

ところが、注意したいのが、南北朝期の政治史を通観した場合により顕著なのは、むしろ高師直《こうもろなお》や細川頼之《ほそかわよりゆき》など、足利将軍家当主と密着しながら幕府内で台頭する実力者を警戒し、失脚させるような動きだという点である［拙稿二〇一七〜一九］。おそらく、同輩を駆逐《くちく》しながら将軍を結果的に傀儡《かいらい》化した鎌倉幕府の北条氏こそが、この時代の武家政権における最大の先例だったためなのであろう。そのことを考慮すると、足利氏に取って代わるという方向性より、臣下の第一人者によって足利将軍家が傀儡化される方向性のほうが、強く意識されていた可能性が高いように思われる。

加えて、北条氏が高い身分の将軍を擁立していたことを考慮するならば、足利将軍家の身分上昇が権威の確立に直結すると認識されていたのかも、疑っておくべきなのだろう。先述のような朝廷の問題が、権威確立の手段としてどれほど有効だったのかという点とあわせて、改めて検討しておく必要がある。

もちろん、このような諸点について、段階ごとの武家側の政治状況を丁寧に踏まえたうえで論じる必要があるのはいうまでもない。しかしここでは、武家側の政治史に関するかつての枠組みが必ずしも不動のものではないという点を、強調しておくことにしたい。

さまざまな主体の動きが絡み合う室町政治史

先に現在の到達点として、朝廷・公家社会の内部のさまざまな主体の動向を視野に入れることが当然の視角として定着したことを挙げたが、実のところこの点は公家社会に留まる問題ではない。

たとえば、現在は八坂《やさか》神社という名前で知られている京都市東山区の祇園《ぎおん》社では、南北朝期、神社の経営体制の中枢を占めていた紀《き》氏一族の内部で深刻な争いが生じており、そのなかでとくに顕詮《けんせん》・顕深《けんしん》父子の系統が、足利氏と密着して次第に社内の主導権を確立していったことが知られている［野地一九九八、三枝二〇〇一］。このように寺社の内部も当然ながら一枚岩ではないわけだが、そうした点が、さまざまなかたちで指摘されているのである。

だとすれば、幕府の関係者についても、内部が一枚岩ではないことが当然のように強調されることとなる。応仁の乱前後については、多くの人物の利害対立を広範に視野に入れながら政治史が描かれてきたところであり［末柄二〇一四など］、もちろん南北朝期についても大名間の抗争に関する研究蓄積は存在している。ただ、これまでには執事《しつじ》・管領《かんれい》などの要職に就任する人々の問題に収斂《しゅうれん》させる傾向などもみられたところであり［拙稿二〇一七～一九］、今後はより柔軟に、多くの人びとを視野に入れるかたちで論じていくことが必要である。

また、このように、公・武・寺・社それぞれが一枚岩ではないと強調されることになるのであれば、むしろこの公・武・寺・社という枠組を超えて取り結ばれた個別的な関係が政治史に影響を与えるような面も、当然ながら意識しておくべきである。

第四章（谷口雄太氏担当）でも言及されるとおり、最近は当時の武家関係者の主要部分が京都に在住しており、公・武・寺・社が一体的に支配者集団として存立していたことなどが強調されている。そのようななかではとくに、京都という政治都市のなかで日常的に培われる人脈というのが、重要な論点として浮上してくるのである。

以前に筆者は、土岐頼康《ときよりやす》という有力大名が応安三年（一三七〇）末に管領細川頼之と対立の末、分国に下向した事件に着目した際に、皇位継承問題や寺院間の対立などの幕府外の問題が、大名たちと公家廷臣・寺社勢力との個別的関係によって幕府内にもちこまれ、大名間対立を激化させていたことを論じた［拙稿二〇一二］。さらに、このような幕府内対立の結果が諸方面へと波及したことにも言及し、そのような対立を前提にしつつ、足利義満が公家社会に進出していく路線が形成されたことも論じている。

また、たとえば足利義教《よしのり》が重用した正親町三条家《おおぎまちさんじょうけ》周辺の廷臣たちが、応仁の乱時に足利義視《よしみ》に従って西軍に属したことが知られており［水野二〇〇五］、最近では、同様の文脈で東大寺の見賢《げんけん》という僧侶が注目されている［西尾二〇一七］。乱前後の政治史のなかで、このような公・武・寺・社を超えた人脈の問題がどのように関わってくるのかなどについて、さらなる追究の余地が残されているように思われる。

こうした論点を検討するにあたって、具体的には、婚姻の問題や、和歌・連歌《れんが》研究などで意識されてきた文化的人脈の問題、師壇《しだん》関係や子弟の入室のような寺社との関係など、これまでにも意識されてきたさまざまな点が、改めて問題になってくるように思われる。とくに国文学研究との共同・情報共有や、寺社史料の調査・研究などの進展を経て、今後判明していくことも多いように思われ、進展が期待されるところである。

さらに進展の余地がある分野

以上、四節にわたって、公武関係史をめぐる諸分野の到達点と今後について述べてきた。今谷明説への批判を起点としながら、ここ二〇年ほどの間に、公家社会の内的要素を重視する「公家側の視角」と、外側からの要素を重視する「武家側の視角」の双方で関連研究が大きく進展し、多くのことが明らかになってきたことがわかるのではないかと思う。

ただし、本章後半で述べてきたとおり、ここで最も強調したいのは、むしろ意見の分かれる部分やさらに丁寧な検討が必要な部分もあり、地道な研究によって知見が刷新されていく余地がまだまだあるということである。

限られた本稿の紙数では十分に言及できなかった部分も多いが、とくに公家社会に関する良質な個別研究の蓄積は著しく、今後もそれは継続するだろう。一方、公家社会以外を視野に入れることも依然として重要である。幕府政治史の見直しや、寺社史料調査の進展、そして寺院史・神社史・宗教史の立場から従来の公武関係史をとらえなおす動きなどが、直接・間接に意味を持ってくることであろう。これからの研究進展の余地は、十分にあるといってよい。

最近は、新書からSNSまで、研究者が一般向けに「最新の説」をアピールする手段が多様化しており、読者がさまざまな日本中世史研究者による「最新の説」を目にする機会も増えているのではないかと思われるが、もちろんそのような諸説についても今後塗り替えられていく部分があるはずである。読者には、そのような説の変化などまで含めて、お楽しみいただければありがたく思う。

【付記】なお、本章の原稿提出以後、拙著『京都の中世史　第四巻　南北朝内乱と京都』(吉川弘文館、二〇二一) が刊行された。南北朝時代の政治史について筆者なりの立場からまとめてみたもので、本書座談会に関わる内容も含んでいる。合わせて御覧いただけると幸いである。

参考文献

網野善彦『異形の王権』（平凡社ライブラリー、一九八六）
網野善彦・山口昌男（対談）「歴史の想像力」（『網野善彦対談集1』岩波書店、二〇一五、初出一九八五）
家永遵嗣「足利義満・義持と崇賢門院」（『歴史学研究』八五二、二〇〇九）
石田実洋・橋本雄「壬生家旧蔵本『宋朝僧捧返牒記』の基礎的考察」（『古文書研究』六九、二〇一〇）
石原比伊呂「足利義嗣の元服」（『東京大学史料編纂所研究紀要』二二、二〇一二①）／「北山殿行幸再考」（『年報中世史研究』三七、二〇一二②）／『室町時代の将軍家と天皇家』（勉誠出版、二〇一五）／『足利将軍と室町幕府』（戎光祥選書ソレイユ、二〇一八）／『北朝の天皇』（中公新書、二〇二〇）
市澤哲「南北朝内乱期における天皇と諸勢力」（『日本中世公家政治史の研究』校倉書房、二〇一一、初出一九九六）／「文和の政局」（同、初出二〇〇三）
今谷明『室町の王権』（中公新書、一九九〇）／『戦国大名と天皇』（講談社学術文庫、二〇〇一、初出一九九二①）／『信長と天皇』（講談社学術文庫、二〇〇二、初出一九九二②）／『武家と天皇』（岩波新書、一九九三①）／『天皇と天下人』（新人物往来社、一九九三②）

今谷明ほか『天皇家はなぜ続いたか』（新人物往来社、一九九一）
馬田綾子「洛中の土地支配と地口銭」（『史林』六〇―四、一九七七）
大田壮一郎「足利義満の宗教空間」（『室町幕府の政治と宗教』塙書房、二〇一四、初出二〇〇七）
大村拓生『中世京都首都論』（吉川弘文館、二〇〇六）
小川剛生『南北朝の宮廷誌』（臨川書店、二〇〇三）／『二条良基研究』（笠間書院、二〇〇五）／『足利義満』（中公新書、二〇一二）
川合康「武家の天皇観」（『鎌倉幕府成立史の研究』校倉書房、二〇〇四、初出一九九五）
河内祥輔「朝廷・幕府体制の諸相」（『日本中世の朝廷・幕府体制』吉川弘文館、二〇〇七、初出一九九一）
桜井英治『室町人の精神』（講談社学術文庫、二〇〇九、初出二〇〇一）
佐藤進一「室町幕府論」（『日本中世史論集』岩波書店、一九九〇年、初出一九六三）
下坂守『中世寺院社会の研究』（思文閣出版、二〇〇一）
末柄豊「応仁・文明の乱」（『岩波講座日本歴史　第八巻　中世三』岩波書店、二〇一四）
田中健夫「足利将軍と日本国王号」（『日本前近代の国家と対外関係』吉川弘文館、一九八七）
田中義成『南北朝時代史』（講談社学術文庫、一九七九、初出一九二二）
谷口雄太「書評　木下聡著『中世武家官位の研究』」（『千葉史学』六二、二〇一三）
富田正弘「室町殿と天皇」（『日本史研究』三一九、一九八九）
西尾知己『室町期顕密寺院の研究』（吉川弘文館、二〇一七）

新田一郎「日本中世の国制と天皇」(『思想』八二九、一九九三)
野地秀俊「「社僧」再考」(『佛教大学大学院紀要』二六、一九九八)
橋本雄「室町幕府外交は王権論といかに関わるのか?」(『人民の歴史学』一四五号、二〇〇〇)/『中華幻想』(勉誠出版、二〇一一)
早島大祐『室町幕府論』(講談社選書メチエ、二〇一〇)
久水俊和『室町期の朝廷公事と公武関係』(岩田書院、二〇一一)
松永和浩「室町期における公事用途調達方式の成立過程」(後掲松永二〇一三、初出二〇〇六①)/「南北朝期公家社会の求心構造と室町幕府」(同、初出二〇〇六②)/「室町期公武関係論の現状と課題」(同、初出二〇〇七)/「室町殿権力と公家社会の求心構造」(同、初出二〇〇八)/『室町期公武関係と南北朝内乱』(吉川弘文館、二〇一三)
三枝暁子「室町幕府の成立と祇園社領主権」(『比叡山と室町幕府』東京大学出版会、二〇一一、初出二〇〇一)
水野智之『室町時代公武関係の研究』(吉川弘文館、二〇〇五)/「室町幕府と中世国家」(『年報中世史研究』四五、二〇二〇)
村井章介「易姓革命の思想と天皇制」(『中世の国家と在地社会』校倉書房、二〇〇五、初出一九九五)/『分裂する王権と社会』(中央公論新社、二〇〇三)
桃崎有一郎「室町殿の朝廷支配と伝奏論」(『室町・戦国期研究を読みなおす』思文閣出版、二〇〇七)/

「足利義持の室町殿第二次確立過程に関する試論」(『歴史学研究』八五二、二〇〇九)／『中世京都の空間構造と礼節体系』(思文閣出版、二〇一〇)／「足利義嗣」(『室町幕府将軍列伝』戎光祥出版、二〇一七)／『室町の覇者　足利義満』(ちくま新書、二〇二〇)
森幸夫「足利義嗣の元服に関する一史料」(『古文書研究』七七、二〇一四)
安田歩「室町前期の院宣・綸旨」(『古文書研究』五五、二〇〇二)
山田徹「土岐頼康と応安の政変」(『日本歴史』七六九、二〇一二)／「南北朝後期における室町幕府政治史の再検討(上)(中)(下)」(『文化学年報』六六〜六八、二〇一七〜一九)
山家浩樹「書評　今谷明『室町の王権　足利義満の王権簒奪計画』」(『歴史評論』四九七、一九九一)

第三章

鎌倉時代の「守護」とは何だったのか

【鎌倉幕府の地方支配】

木下竜馬

一　鎌倉時代の守護は影が薄い？

後世までつづく守護

「イイクニ（一一九二）つくろう鎌倉幕府」ではなかった、正しくは「イイハコ（一一八五）」なのだ、と言われたら、読者のみなさんは驚かれるだろうか。鎌倉幕府の成立を、建《けん》久《きゅう》三年（一一九二）の源頼朝の征夷大将軍《せいいたいしょうぐん》就任ではなく、文治《ぶんじ》元年（一一八五）の守護・地頭の設置に見出す考え方である。学校で教わったことが更新される好例としてこの「新常識」は少しずつ一般に浸透しているように思われる。[*1] 当否はさておき、鎌倉幕府の成立と守護の設置が時を同じくしており、それだけ守護の存在は重要である、というのがひとつのポイントである。

とはいえ、守護とはいったい何だろうか。鎌倉幕府の地方支配制度として「守護・地頭」と教科書などでは並んで出てくるが、両者の性格は大きく異なる。守護とは、播磨《はりま》国や肥後《ひご》国といった国ごとに設置される官職である。一方の地頭は荘園など国より小さい所領ごとに設置される。地頭の地位は本来的に収益をともなうものであり、御家人たちの大きな収入源だった。将軍から御家人に対し「御恩《ごおん》」として与えられるのは、基本的に地頭の地位である。地頭の地位は、財産として相続され、複数の子どもたちに分割されたり、女子が受け継いだりすることもごく普通だった（鎌倉時代の女子は財産相続権があった）。それに対し守護の地位は、財産よりも官職としての側面が強く、親から子へ受け継がれることもあるが、幕府の方針次第で解任されることもままある。分割されたり、女子が就任したりすることもなかった。

鎌倉時代に始まった守護制度は室町幕府にも受け継がれる。細川氏や山名氏のような有力者は複数国の守護を兼ね、「守護大名」と呼ばれる。また、甲斐《かい》の武田氏や豊後《ぶんご》の大友氏のように、鎌倉時代の守護から室町時代を経て戦国大名化した家もある。島津氏のように、初代の島津忠久が源頼朝によって薩摩などの守護に任じられたことをきっかけに南九州に進出し、戦国大名、はては近世大名（薩摩藩）として明治初年まで存続するような家も存在する。鎌倉時代の守護は、後代まで続く地域秩序の淵源のひとつなのである。

鎌倉期の守護は弱かった

しかし、室町時代の守護大名や戦国大名とくらべ、鎌倉期の守護は一般的に影が薄いことは否定できない。室町時代の守護大名ならば、応仁の乱で覇を競った細川勝元《ほそかわかつもと》や山名宗全《やまなそうぜん》、戦国大名ならば武田信玄《たけだしんげん》や上杉謙信《うえすぎけんしん》……と代表例をすぐ連想できるだろうが、鎌倉時代の守護といわれて具体的な人名が頭に浮かぶ方はほとんどいないのではないか。その理由のひとつは、のちの室町時代の守護や戦国大名とくらべ、鎌倉時代の守護の権限が弱いことにある。

一九五〇年代に盛んだった**「守護領国制論《しゅごりょうごくせいろん》」**という学説がある。南北朝の内乱のなかで、室町幕府が守護に大幅な権限を付与することで、守護が一国を統治する領国を形成したという説である（詳しくは谷口雄太氏担当の第四章参照）。そこでは、鎌倉期の守護、室町期の守護大名、戦国大名という発展のコースが想定されていた。一方でこの説では、鎌倉期守護の権限は限定的であり、未熟な存在であることが強調されていたのである。

鎌倉期守護の基本的役割は、任国内の軍事・警察権を担うことであり、貞永《じょうえい》元年（一二三二）制定の御成敗式目《ごせいばいしきもく》などで「大犯《たいぼん》三ケ条」として定式化されている。大犯三ケ条の第一が大番《おおばん》催促の権限である。鎌倉幕府の御家人には、定期的に京都に赴いて御所などの警備をする大番役が義務づけられていた。守護は国内の御家人に大番役を務めさせる（催促）任務があった。これは、軍事指揮や御家人編成の権限を意味するものであり、蒙古襲来や元弘《げんこう》の乱などの有事の際には、守護が御家人を率いて戦場に赴いている。第二が謀叛人、第三が殺害人の取り締まりであり、国内の治安維持に努めていた。いわば守護とは、都道府県警察に相当する存在であった。

一方鎌倉幕府（特に初期）は、守護が大犯三ヶ条を超えた権限を行使することを警戒し、厳しく制限した。守護が職権を逸脱して、勝手に国内の武士を従者にしたり、所領を没収して他人に与えたり、税を取ったりして力を強めることを嫌ったのである。鎌倉期の守護は、県警を超えて統治者にならないよう幕府から押さえつけられていた。

それでは、鎌倉時代の守護は、権限の弱い単なる未熟な存在だったのだろうか。本章では、鎌倉時代の守護の意義を考えてきた研究史を振り返り、室町時代との比較を含めた論点を抽出することを目標としたい。

二 古典的研究——守護の特定と国衙吸収

守護のリストはなかった

鎌倉期守護について基礎的な理解をつくったのは、一九四〇—六〇年代にかけて発表された佐藤進一《さとうしんいち》と石井進《いしいすすむ》の古典的業績である。まずこれらの研究を、その理路をたどる形で紹介しておきたい。

江戸時代には、全国の大名をリストアップした「武鑑《ぶかん》」という書物がひろく流通しており、どの国を誰が治めているかは一目瞭然だった。しかし、鎌倉時代の守護については、そのような便利な一覧は残っていない。ある国でいつ誰が守護だったのかを特定する作業（これを比定という）のために、全国各地に遺る断片的な史料を集め分析する基礎的な作業が必要だった。この全国の守護を比定するという気の遠くなるような基礎作業を戦中・戦後期に行ったのが、佐藤進一である［佐藤一九八四］。

佐藤が「Aは守護である」と比定する手法は、いくつかのパターンがある。

①「○○国守護人A」などと史料にそのまま書かれている場合。これはもっともシンプルなパターンである。

②守護代（守護の代官）としてAの家臣aが確認される場合。武家における主従制の慣行から、守護代は守護正員（本人）の家臣であることが一般的だと佐藤は証明した。守護代が判明すれば、守護正員もある程度特定できる。

③守護職権XをAが行使している場合。たとえば、さきほど述べたように、大番催促は守護の職権である。ある国で、Aが大番催促を行っていることが確認されれば、史料上でAが守護と明記されていなくとも、守護と比定される。また、大犯三ヶ条以外にも守護と確認されるものが任国内でおこなっている業務があれば、それを他国で行っているAも守護と類推される。このように、守護の比定は、守護職権の実態解明と表裏一体で進められていった。

いくつかの国で有効だと確認された以上の方法を他国の事例にあてはめていくことで、佐藤は多くの守護を比定した。これらの作業を経て佐藤が出した結論は以下のとおりである。

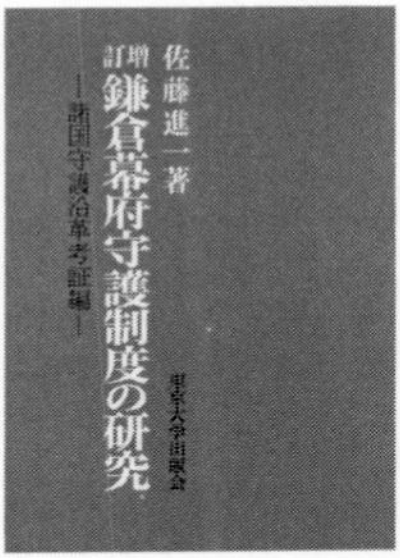

佐藤進一『増訂 鎌倉幕府守護制度の研究―諸国守護沿革考証編―』（東京大学出版会、1971）。初刊は 1948 年、要書房刊行。増訂２刷（1984）ではさらに補訂記が加えられた。長期にわたって修正の手が入れられた。

第一に、時代を下っていくにしたがい、多くの国の守護職が北条氏一門によって獲得されていくこと。頼朝没後に確認される北条氏の守護国は三ヶ国に過ぎなかったが、幕府滅亡時には三〇ヶ国に達していた。全国は六八ヶ国であり、守護不設置や史料が僅少な国もあるので、ほぼ過半数を占めていたことになる。これは、**得宗専制論**《とくそうせんせい》の大きな根拠のひとつとなる（第五章参照）。

第二に、鎌倉期の守護は、守護領国制論の観点からみれば権限は弱いかもしれないが、その職権は大犯三ヶ条を超えて拡大していく傾向があったこと。守護職権は鎌倉時代を通じて固定化していたわけではなく、少しずつ新たな権限を得ていたのである。特に佐藤が重視したのが、守護と国衙《こくが》の関係である。

ここで「国衙」について説明しておかなくてはならない。古代日本の律令国家は、地方を統治するため、国ごとに「越前守《えちぜんのかみ》」「上野介《こうずけのすけ》」といった国司《こくし》を任命した。国司が任国で支配を行うための地方政庁が国衙であり、国衙がおかれた地（国府）は各国の政治的中心地となった。千葉県市川市の国府台や、東京都府中市のように今も地名として残っている場合もある。いわば国衙は県庁に相当する。平安時代を通じて国司制度はゆるやかに弛緩《しかん》・変質していくが、鎌倉時代になっても、なお国衙は一国内の行政的事務を担い、「国衙領」と呼ばれる所領を保持していた。加えて、地元の武士たちが在庁官人と呼ばれる役人として国衙を支えていた。鎌倉北条氏の初代となる時政も、元々は伊豆国の在庁官人の一族である。この時代でも国衙は一定の存在感を発揮しており、京都の公家政権を支える存在であった。

佐藤進一は、この国衙の行政権を守護が奪っていく傾向を指摘した。具体的には、国内の交通路・宿場《しゅくば》の管理や寺社に対する事務など、国衙が担っていた業務を守護が代わりに担うようになっていったのである。たとえるなら、県警が警察業務のみならず、県庁の一般業務まで行うようなものである。佐藤は、守護が国衙の行政権を奪う現象を、武家政権が公家政権を圧倒し、全国に支配を広げていくプロセスとみなした。室町幕府の守護と比べ権限が弱いとして低く評価されがちであった鎌倉期の守護を、地域における行政権の獲得という視点から再評価したのである。[*2]

幕府成立時から国衙は重要

佐藤進一が示した結論のうち、とくに守護と国衙の関係をとりあげ、一九六〇年代にさらに発展させたのが、佐藤進一の教え子にあたる石井進である［石井二〇〇四］。守護、ひいては鎌倉幕府と国衙の関係の展開を、石井の業績にしたがってまとめてみよう。

鎌倉幕府発足時から、幕府にとって国衙は重要だった。源頼朝が伊豆で反平家の兵を挙げたとき、まっさきに襲撃したのは伊豆国衙の目代（国司の代理として現地で国衙を指揮するもの）だった。東国を頼朝たちが平定していくにあたり、まずは各国の国衙を掌握し、在庁官人たちを従わせることが目標となった。

また、九州は平家の影響力が強く、九州最大の国衙というべき大宰府《だざいふ》は平家が掌握していた。治承《じしょう》・寿永《じゅえい》の内乱後、平家の影響力を一掃すべく、頼朝は御家人を大宰府の現地責任者として送りこむことで、大宰府の機構をのっとっていった。特に、大宰府現地の最高官である大宰少弐《だざいのしょうに》に任じられた御家人の武藤氏は、大宰府支配を確立し、北九州の複数国の守護を兼ねて大きな勢力を築いた。のち少弐氏と名乗り、室町・戦国に続いていく。

では、幕府にとって国衙はなぜ重要だったのだろうか。そもそも短期間の内乱のなかで発足した鎌倉幕府が、全国で大量に生まれた御家人を管理・把握するのは容易ではなかった。

とくに西国では、頼朝と一度も顔を合わせたことのない現地御家人もたくさんいたのである。各国に設置された守護も自前のスタッフを整えているわけではない。そこで活用されたのが、国衙の機構と人員である。地方政府である国衙はその国の土地台帳を保管しており、事務を行う人材も揃っていた。国ごとで誰が御家人なのか、あるいは御家人がどれだけの所領をもっているかのリストの作成、ひいては御家人役《ごけにんやく》（大番役などの御家人の奉公義務）の賦課《ふか》などが、国衙の補助によって行われたのである。国衙こそが、鎌倉幕府の全国的支配体制の必須の前提であったと石井は評価している。

国衙をのっとる守護

そして、守護は任国の国衙を次第に掌握《しょうあく》していった。国衙の役職を兼任し、在庁官人を家臣にしていく。また、守護所（現地における守護の館）を国府の近辺に設置し、国衙領をみずからの所領に組み込んでいった。国衙が本来担っていた権限は守護に奪われていき、任国内の寺社の修理や、税の徴収、公家政権からの命令伝達などの公的業務が守護にとって代わられる。

このような守護の国衙吸収の傾向は、はじめは鎌倉幕府のお膝元である東国と、平家の元拠点であり幕府が力を入れた九州で強かった。のち、蒙古襲来による軍事的緊張により幕府が地方支配を強化する流れで、守護による国衙吸収は全国へと拡大強化された。こうした守護の権限強化が、室町時代に守護が領国を形成する前提を準備することになったと石井は総括する。

かくして佐藤と石井によって、鎌倉時代の守護は未熟で無力な存在では決してなく、国衙を吸収することで権限を拡大し、守護領国制の前段階となったと評価された。ここに、現在にまで至る鎌倉期守護の古典的理解が形成されたのである。

三 近年の研究――守護は過大評価されているのか

研究者は、通説があればそれをのりこえようとするものである。佐藤・石井の守護論に対しても、それは例外でない。近年の研究成果を総括し、幕府の地方支配と守護について新たな見通しを示さんとした熊谷隆之《くまがいたかゆき》は以下のように唱えた。古典的研究において守護は過大評価されており、実は幕府支配の基幹ではないのだ、と［熊谷二〇〇八、二〇一二］。熊谷による守護の評価は、佐藤や石井とまさに正反対である。なぜこうなったのか。本節では、この二〇年間を中心とした研究成果を追ってそれを解き明かしたい。

その前に確認しておかなくてはならないことがある。それは、古典的理解が前提としていた守護領国制論が、一九六〇・七〇年代の室町幕府研究の進展によって、否定されたことである（詳細は第四章参照）。それまで想定されていた**鎌倉期の守護→室町期の守護大名→戦国大名**というコースが単純には成立しないことが、しだいに明らかになっていった。これにより、鎌倉期の守護を論ずるにあたっても、ゴールに守護領国制を置くことは減っていく。守護の発展や権限拡大よりも、鎌倉時代における守護の多様性、あるいは地方支配を担う守護以外の勢力への注目が増していった。そこには、論者の世代が改まったことによる、権力や支配についての考え方の違いも見られる。佐藤進一や石井進のものの見方、考え方など議論の前提になる点にも吟味が及んでいったのである。

本節では、近年の守護論の成果を以下のようにおおまかに分けて見ていきたい。①**守護比定の精密化**、②**国衙吸収論の見直し**、③**非守護勢力への着目**、④**地域差への着目**。この四点である。

①守護比定の精密化

前節で述べたとおり、佐藤進一は網羅的に全国の守護を比定した。もちろん、佐藤の比定が完全無欠であったわけではない。その後、各地域の研究が進んだり、新しい史料が出現するにつれ、佐藤進一の比定を補ったり、修正する作業が各研究者によって進められた。このような成果を総合し、あらためて一から全国の守護比定をやり直した近年の伊藤邦彦《いとうくにひこ》の労作は、特筆に値する［伊藤二〇一〇］。

近年の研究は、佐藤がおこなった守護比定をやり直して精密化するのみならず、佐藤が必ずしも重視せず通り過ぎていた論点を発掘している。

腑分けされる北条氏一門の守護国

そのひとつは、北条氏守護国についての認識の深まりである。佐藤は、他の御家人の守護国が北条氏の手に落ちることに注目したが、いったん北条氏の守護国となったのちの推移には大きな関心を注いでいなかった。その理由は、北条氏一門は家督である得宗によって強力に統制されていたため、北条氏一門の誰が守護であっても、究極的には得宗の支配下にある

北条氏の一門略系図

※主要な一門のみを示した

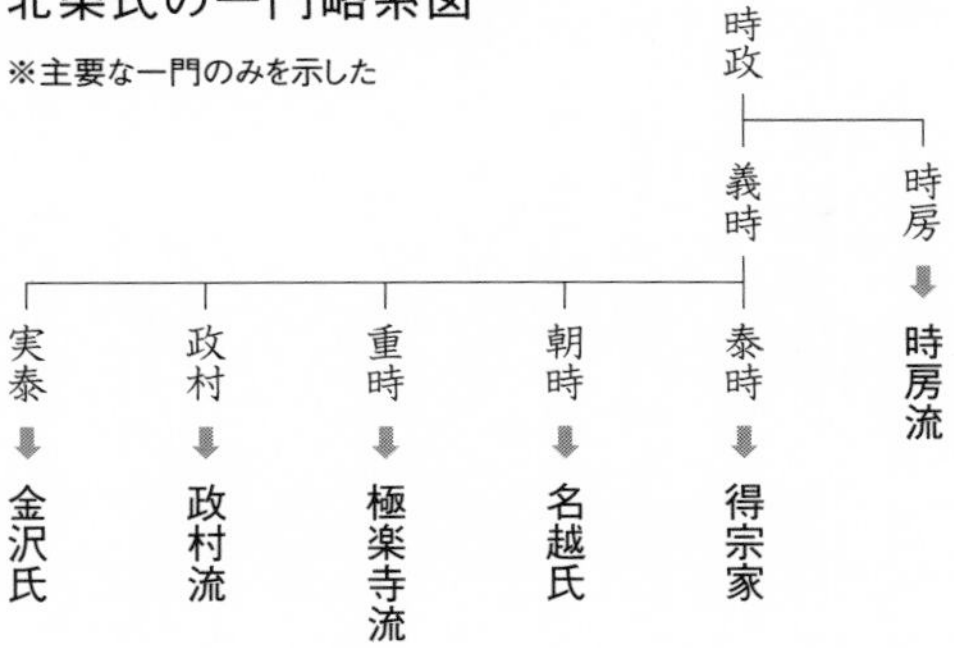

と考えていたからである。しかし近年は、北条氏一門が必ずしも一枚岩ではないことが解明されてきた（第五章参照）。それにともない、ひとくちに北条氏一門の守護国といっても、そのなかには様々な違いのあることが注目されるようになってきたのである。たとえば、北条氏のなかでも、極楽寺《ごくらくじ》流、名越《なごえ》氏、金沢《かねさわ》氏などの有力一門は、特定の国の守護を代々一門内で受け継いでおり、任国の数でいえば得宗とそこまで変わらない場合もあった［石関一九九四、秋山二〇〇〇a］。有力一門は得宗に対して一定の独立性を保っており、得宗の絶対的統制下にはなかったとされたのである。

また、守護の継承が、血統ではなく幕府の役職に連動しているパターンも見出された。たとえば、得宗の支配化にあったと位置付けられていた若狭《わかさ》国の守護は、よく検討し直してみると、六波羅探題《ろくはらたんだい》の職にある者が兼任していた時期が長くあったことが分かった［秋山二〇〇〇b、熊谷二〇一一］。また、長門《ながと》国の守護も、鎌倉における重職の一番引付頭人（評定衆の首席）の在職者が多く兼ねていたことが解明された［秋山二〇〇五］。六波羅探題も一番引付頭人も北条氏一門以外が就任することはなかったため見過ごされやすかったが、北条氏一門の守護国を腑分けすることで、このような事例が発見されたのである。

守護はどこにいたのか

また、守護比定を見直していくなかで、これまで守護正員とみなされてきた人物が、実は正員の代理として現地に派遣された名代《みょうだい》だったというパターンも見出された［秋山二〇〇三、二〇〇五、伊藤二〇一〇］。守護代は正員の家臣が就く役職だが、名代は正員の子弟などである。先に述べた長門国は、守護を兼ねる一番引付頭人が政務のため鎌倉を離れられないので、その子弟が名代として派遣されたと推測されている。

些細なことだと思われたかもしれないが、これは「守護がどこにいたのか」という、ある意味シンプルな点に関心が注がれた結果ともいえる。実は、鎌倉幕府の守護は、かならずしも任地に住んでいたわけではない。西国や九州の守護には、東国御家人が基本的に就任していたが、鎌倉中期にいたるまで、守護正員は任国に下向せず、現地の支配は守護代、あるいはそのまた代理である又代官《まただいかん》に任せていた。ところが蒙古襲来にともなう防備強化のため、西国や九州の守護に対し現地赴任が幕府から命じられた。のちに九州の戦国大名として名を馳せる大友《おおとも》氏や島津氏は、鎌倉初期から九州の守護であったが、実際に現地に常駐するのはこのときからである。名代の現地派遣も、このような状況で推進されたのであった。

以上の事実は昔から知られていなかったわけではないが、正員が現地にいたかどうか、そしてそれがいつからだったかなどが、改めて関心の的になっている［佐藤秀成一九九五、熊谷二〇〇八］。これは、室町幕府研究においても守護がどこにいるかが注目されているのと軌を一にしていよう（第四章参照）。また、それに連動して、一国の中でもどこに守護所があったのか［秋山二〇〇二、また各国の現地にある守護所は具体的にどのようなスタッフによって支えられていたのか［西田二〇一二］などの論点が深められた。

以上のように守護比定の見直しと精密化という作業を通じて、守護についての認識も深まっていった。なお、職権から守護を推定するという佐藤進一の方法をさらに根底的に批判する動きもあるのだが、それは後述する。

②国衙吸収論の見直し

守護が国衙を吸収していくという議論についても、見直しがなされた。

守護領について、前述の通り石井進は、国衙領を守護が自分の所領として組み込んでいくことから、守護領は国衙周辺に集中して分布するのが一般的だとした。しかし近年の研究により、かならずしもそればかりではなく、非国衙集中型のパターンの国が一定数あることに注目が集まっている［熊谷二〇〇三a、三好二〇〇二］。つまり、守護による国衙吸収の度合いは、国によってばらつきがあるのではないかということである。

ではなぜ、その差が出てくるのであろうか。それを、守護成立以前の一国内の勢力配置と、治承・寿永の内乱などの戦争時の状況から説明したのが、三好俊文《みよしとしぶみ》である［二〇〇二、二〇〇五、二〇一〇］。

たとえば播磨国。鎌倉幕府成立以前、播磨の東部は平家の勢力圏だった。播磨の東隣りの摂津国《せっつのくに》は、平　清盛《たいらのきよもり》が住んだ福原《ふくはら》や港として整備した大輪田　泊《おおわだのとまり》などの平家の重要拠点があり、播磨東部にも平家領が形成されていた。一方、国衙（現在の姫路市周辺か）のある播磨中部に対する平家の影響力は弱かった。治承・寿永の内乱後、播磨東部の旧平家領は鎌倉幕府によって接収され、守護領となり、守護所も東部に設置された。だが、国衙は特に平家方にくみしなかったため、内乱後も温存され、鎌倉時代も播磨中部に対する守護の影響力は限定的だった。鎌倉後期にいたっても、播磨の在庁官人は守護と併存して独自の活動を行っているが、それはこのような歴史的経緯から国衙勢力が残存した結果といえる［秋山二〇〇三］。

一方、たとえば承久の乱までの淡路《あわじ》国では、守護領が国衙周辺に集中する一方、地元の御家人たちも命脈を保っていた。これは、播磨国とは逆に、国衙とその影響下にある武士たちが平家に味方したことによって戦後に所領が没収されて守護領に組み込まれる一方、非国衙系の武士たちは鎌倉方につき、御家人化して勢力を温存した結果だと推測されている。

つまるところ、国衙勢力が内乱時に幕府に敵対すれば守護領は国衙集中型になり、そうでなければ非国衙集中型になりやすいということである。守護による国衙の掌握は決して各国で横並びに進むわけではなく、もともとの現地の状況や内乱時の動向に左右されるとしたのが、三好説の特徴である。

国衙と守護は対立的か？

さらに、吸収される側である鎌倉時代の国衙についても、新たな認識が生まれてきた。そもそも佐藤進一や石井進の議論の前提として、守護は国衙の人員や権限を積極的にわがものとすることで、みずからの力に変えていくのだという、守護と国衙を対立的にとらえる考え方があった。この背景には、武家政権が公家政権を圧倒していくという歴史観があった。鎌倉幕府が公家政権を飲みこんでいく過程が、地方においては守護が国衙を掌握する傾向とパラレルでとらえられていた。

しかし、小原嘉記《こはらよしき》は、鎌倉期の国衙を再検討することで、守護と国衙を必ずしも対立的関係としない見方を提示した〔小原二〇〇六、二〇〇七、二〇〇八〕。石井進によって、守護の国衙掌握が典型的に見られる国だとされた安芸《あき》国衙の史料を再検討し、守護による全面的掌握が見られたとまではいえないと主張した。その上で、尾張《おわり》や周防《すおう》などの国衙の分析も踏まえながら、鎌倉後期の段階では国衙の機構はかなり衰退しており、一国にまたがる公的業務を遂行できる状態ではなかったと推測した。つまり、鎌倉後期の段階の国衙には、守護があえて吸収するほどのメリットはなかったのではないかと指摘したのである。

とすれば、守護が徴税など国衙の業務を行っている現象は、守護による国衙行政権の侵害というよりも、グズグズになってしまった国衙に変わって公的な任務を肩代わりしてあげている状況ととらえ直される。国衙に対する守護を、対立するものではなく補完するものとしてとらえたのであった。これは第一章で述べたような、〝**公武対立史観**〟の克服や新しい権力観の登場と、密接に関係している。権力についての新たな視点と史料の読み直しによって提起された小原説は、通説の前提自体をくつがえす非常に意義深いものである。

小原説のような視点を踏まえつつ、また先ほど述べたような内乱時の状況も含め、時期や地域などをさまざまに区分けして守護と国衙の関係を再検討していく余地があるといえる。

③非守護勢力への着目

ところでここまで説明をはぶいてきてしまったが、鎌倉幕府の地方支配機関は、実は守護だけではない。承久の乱後、西国を管轄する六波羅探題が京都に設置された［久保田二〇二〇］。のちには蒙古襲来への対応のため、九州を管轄する鎮西《ちんぜい》探題が博多に置かれた。探題として北条氏の一族が派遣され、鎌倉における執権《しっけん》・連署《れんしょ》のようにミニ幕府を率いていた。幕府と守護のあいだに位置するこれら探題の組織を、**「広域支配機関」**と呼んでいる。近年の研究では、広域支配機関と守護の関係に注目が集まっている。というのも、一国の支配は守護のみではなく、広域支配機関など守護ではない勢力の助けも借りていたことが明らかになってきたのである。

その端的な例が、「使節遵行《しせつじゅんぎょう》」である。使節遵行とは、幕府や探題などの裁定を使節に命じて現地で執行（遵行）する制度である。たとえば、ある人物がゆえなく所領を奪われ、幕府に訴えたところ、その主張が認められ、奪った側に「返せ」と幕府の判決が下ったとしよう。その判決を受け、現地に出向いて所領返却を（ときには武力も行使して）うながすのが、使節の役割である。現代における公権力の強制執行に近い。

使節遵行は、ときには合戦に発展することもあるので、現地で武力を発揮できるものが選ばれることが多い。とくに室町幕府の使節遵行は、基本的に守護によって担われており、室町幕府の守護を比定するメルクマールでもあった［佐藤進一一九六七・一九八八］。

遵行を担うのは守護だけではない

使節遵行の研究を推し進めたのが、外岡慎一郎《とのおかしんいちろう》である［外岡一九八四、一九九二］。外岡は鎌倉期から南北朝期にかけての全国の使節遵行事例を網羅的に集め、リスト化した。どの国でどのような使節が遵行を担っていたのか、一目瞭然となったのである。ここで外岡は一定の傾向を見出した。それによれば、鎌倉時代の使節遵行は、かならずしも守護ではなく、御家人のペアである両使によって基本的に担われていた。特に、六波羅探題が命じる西国の使節遵行では、両使は国御家人（地元生え抜きの御家人）と、在京人（京都に常駐する御家人）との組み合わせが多かった。なお、六波羅探題の家臣である探題被官《たんだいひかん》が加わる場合もある［高橋慎一朗一九八九］。外岡は、西国における幕府の支配の要を守護ではなく、在京人や国御家人を編成した六波羅探題に見出したのである（「六波羅―〈両使〉制」）。

一方で、西国守護による使節遵行がないわけではない。外岡は事例を分類し、北条氏が守護を務める国では両使が、そうではない国では守護がそれぞれ遵行の担い手であるとし、六波羅探題による支配には濃淡があるとした。これは、六波羅探題などの北条氏と、北条氏ではない守護を対立的に考える見解である。一方、熊谷隆之は使節遵行の事例を見直し、その図式を修正した［熊谷二〇〇三b］。使節遵行の担い手の違いは京都からの遠近によるものであり、遠国においては守護一本、畿内近国においては両使や守護などを含めた多様な組み合わせによるという。熊谷は、六波羅探題と守護を対立的に見る考えを批判し、相互に協調して地域を支配していたという考え方に立つ（「六波羅―守護体制」）。

以上、微妙な見解の相違はあるとはいえ、共通しているのは、一国の支配が守護のみによって成り立っているわけではなく、現地の御家人や六波羅探題など、守護ではない勢力の手を借りていることを重視する姿勢である。古典的理解では、権限が弱いとされてきた鎌倉期守護の意義を評価したため、かえって地方支配に果たした守護の役割を過大評価してしまうきらいがあった。非守護勢力への着目は、古典的理解への批判になっているのである。

④地域差への着目

佐藤進一は整然とした守護の任免考証を行ったが、その前提には、基本的に守護は全国に設置されており、その権限はおおよそ同一であるという理解があった。その前提理解を疑い、地域ごとの守護の違いを考えるのが近年の傾向になっている。

特に再検討の出発点になったのが、**東国守護**である。東国は頼朝が挙兵して真っ先に押さえた地であり、鎌倉幕府のお膝元である。東国には、鎌倉時代以前からの大豪族がそのまま守護になっているケースが多い。その典型例が藤原秀郷《ふじわらのひでさと》子孫の下野《しもつけ》小山氏である。鎌倉初期に幕府が東国守護の昔の任命手続きについて調査したところ、小山朝政《おやまともまさ》は「下野の守護職について、幕府から正式な任命手続きはなされていないのだが、先祖代々数百年このような職務を行っている。幕府から新たに任じられたわけではないのだ」と回答している。その小山朝政は下野に加え、西国の播磨守護にも任命されていた。しかし、小山朝政の所領を嫡孫《ちゃくそん》に譲渡する遺言状をみると、播磨守護は「守護奉行職」と記載する一方、下野の守護は

「権大介職」と、守護とは表記していないのである。この差はなぜなのか。

小山氏の事例などをもとに、実は東国守護は特殊な存在であり、地域ごとに守護は分類して考えるべきという指摘があり［大山一九七五］、東国守護を類型化する試みもなされた［松本一九九八］。上横手《うわよこて》雅敬《まさたか》はこれを推し進め、治承・寿永の内乱をきっかけに置かれた守護の典型は西国守護であり、西国で展開した守護制度があとになって東国に持ち込まれたのではないか、と発想を転回させた。そして、武蔵など東国の数か国においては守護は基本的に設置されていなかったのではないかと指摘した［上横手一九九四］。

この背景には、東国守護を推定する方法の問題がある。史料が少ない東国では「〇〇国守護人A」などと直接書かれたものが少なく、前述した佐藤の守護比定の方法の①が使えないことが多い。そのため、③の職権からの推定が大きな役割を占めていた。たとえば、武蔵国の堤を修理せよと北条泰時《やすとき》が命じたことをもって、泰時が武蔵守護にあたると比定するようなケースである。しかし、上横手は、あえて武蔵守護の存在を想定しなくとも、泰時が武蔵の国司の職権を担っていたのであるから、堤の修理も守護ではなく国司としての業務と考えてよいとする。

佐藤説には、一国内で公的なことを行っている者はひとしなみに守護だと比定する傾向があった。これは守護の職権が斉一であることを暗黙の前提としている。上横手は「守護の職権にあらざるものを守護の職権と解し、守護にあらざるものを守護とする危惧を拭いきれない」と、佐藤の方法自体に内在する問題を指摘したのである。

東国には守護を置かなかった？

近年は、上横手の指摘をさらに徹底するかたちで、東国守護についての議論が先鋭化している。特に熊谷隆之は、東国では守護不設置が基調であったと主張した［熊谷二〇〇八］。たしかに東国では、一国単位で警察的業務を行っていた「国奉行」や、大番役を指揮する「番頭」などと史料上で呼ばれる存在が確認されている。佐藤進一はその職権から類推してこれらを守護だと比定していたのだが、熊谷は史料上で「守護」と表記されないことを重視し、彼らは守護ではなく、実は東国の大部分の国では守護がそもそも設置されていなかったのだとしたのである。守護を過大評価してきた古典的理解を批判するという流れは、熊谷説によってピークに達したといってよい。これを元に、熊谷説をやや修正して、蒙古襲来期にはじめて東国に守護制度が導入されたのだという説［伊藤二〇一〇］や、守護職権の筆頭とされてきた大番催促について改めて東西の差を考える研究が生まれている［勅使河原二〇一八］。

ただ、ごく最近、新史料が学界に紹介され、そこに嘉禎《かてい》四年（一二三八）ごろの全国の守護リストがあることが注目された［渡邊二〇一九、木下二〇一九］。全国の守護の任免状況が分かるものはないとされてきたのが、あったのである（筆者も「発見」者なのだが、文字通り目を疑った）。その史料では、全国の守護が東国含めてほぼ網羅されており、しかも末尾に守護が設置されていない国（山城《やましろ》、大和《やまと》、相模、武蔵、陸奥《むつ》など）が明記されていた。新史料の性格についてはまだまだ議論が尽くされていないが、東国守護の不設置論はさらなる検討が必要であろう。

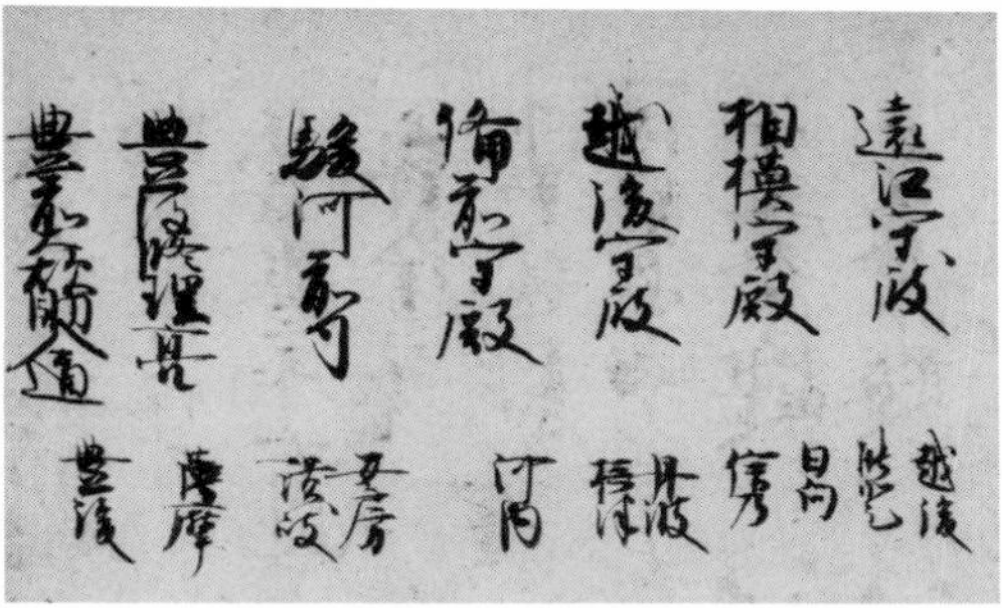

近年紹介された、丹波篠山市立青山歴史村の青山文庫に所蔵される「貞永式目追加」の一ヶ条「国々守護事」。鎌倉中期の守護一覧と考えられる。

今後の守護論に向けて

以上、佐藤進一や石井進が作り上げた古典的守護論を、近年の研究者がいかにのりこえようとしてきたかを述べてきた。そこには、守護ではない勢力への着目や、守護の居場所についての関心など、室町期の守護研究と通じる要素も見受けられる。

一方で、古典的守護論にあった守護への過大評価を相対化し、守護のもっている多様性をきめ細やかに検討しようとするあまり、結局のところ守護とは何かという問いは弱くなってしまったようにも思われる。かつての古典的な鎌倉期守護論は守護領国制論と一体のものであったのだから、現在飛躍的に進展した室町期守護研究の成果を踏まえ、あらためて守護とは何だったのか問い直す必要があるのではないか。そうすることが、日本における中央と地方の関係史を考え直すきっかけになるかもしれない。

＊1　文治元年（一一八五）一一月に守護・地頭の設置を朝廷が認めたことを、文治勅許という。文治勅許を鎌倉幕府成立と見なす見解が学界で一般化したのは実はかなり前で、戦後に入ってすぐのころである。だが、現在でも通用するかは実はかなり微妙な問題である。戦後歴史学最大の論争といってよい「文治勅許論争」によってこの理解は大きく変容した（研究史は［関一九八三、三田二〇〇七、義江

二〇〇九〕）。まず守護は、治承・寿永の内乱下で設置された惣追捕使が淵源であり、文治勅許により再設置され、のちに守護へと名称が統一された。問題は地頭設置の方で、一九六〇年代に、文治勅許で設置されたのは荘園などの所領ごとの地頭ではなく、国を単位とする国地頭だったのではないかという説が石母田正によって唱えられた。一旦は通説化したものの、近年では国地頭は存在しなかった（想定する必要がない）とする説も出され、決着を見ていない。一方、荘園など所領ごとの地頭については、内乱のなかで武士たちが勝手に敵の土地を占拠し、それを頼朝が追認したのが地頭の淵源であり、あとから朝廷が公認するかどうかはあまり重視すべきでないという見解が主流になっている〔川合二〇〇四〕。つまるところ、守護設置はともかく、地頭設置については、一一八五年の画期性はだんだん評価されなくなってきているのが学界の現状なのである。なお、現行の中学・高校教科書においても、特定の年次に幕府が成立したという記述はなされず、段階的に成立したと記載するのが主流である〔高橋秀樹二〇一九〕。つまり、「幕府成立がイイクニ（一一九二）ではない」というところまでは妥当だが、「イイハコ（一一八五）が新常識である」というのは実態のない言説といわざるをえない。

＊2　佐藤進一が教わっていた相田二郎は、戦前に蒙古襲来と九州地方の守護について重要な研究を残しているが、そこですでに国司の機能を守護が担っていったことの意義が指摘されており、佐藤もこの点を相田が示唆した「国制史上の問題」として注目している〔相田一九五八〕。

参考文献

相田二郎『増補版　蒙古襲来の研究』（吉川弘文館、一九八二、初刊一九五八）
秋山哲雄「北条氏一門と得宗政権」（同『北条氏権力と都市鎌倉』吉川弘文館、二〇〇六、初出二〇〇〇a）
秋山哲雄「若狭国守護職をめぐって」（同『北条氏権力と都市鎌倉』吉川弘文館、二〇〇六、初出二〇〇〇b）
秋山哲雄「「守護所」に見る鎌倉幕府の守護」（同『北条氏権力と都市鎌倉』吉川弘文館、二〇〇六、初出二〇〇一）
秋山哲雄「播磨国守護職をめぐって」（同『北条氏権力と都市鎌倉』吉川弘文館、二〇〇六、初出二〇〇三）
秋山哲雄「長門国守護職をめぐって」（同『北条氏権力と都市鎌倉』吉川弘文館、二〇〇六、初出二〇〇五）
石井進『石井進著作集　第一巻　日本中世国家史の研究』（岩波書店、二〇〇四）
石関真弓「得宗と北条氏一門」（『神戸大学史学年報』九、一九九四）
伊藤邦彦『鎌倉幕府守護の基礎的研究』（岩田書院、二〇一〇）
上横手雅敬「守護制度の再検討」（同『日本中世国家史論考』、塙書房、一九九四）
大山喬平「自然恩沢の守護人」（『鎌倉遺文月報』八、一九七五）
川合康『鎌倉幕府成立史の研究』（校倉書房、二〇〇四）
木下竜馬「新出鎌倉幕府法令集についての一考察」（『古文書研究』八八、二〇一九）
久保田和彦『六波羅探題研究の軌跡』（文学通信、二〇二〇）

熊谷隆之「播磨国守護領の形成過程」(『ヒストリア』一八四、二〇〇三a)
熊谷隆之「六波羅・守護体制の構造と展開」(『日本史研究』四九一、二〇〇三b)
熊谷隆之「鎌倉幕府支配の展開と守護」(『日本史研究』五四七、二〇〇八)
熊谷隆之「鎌倉期若狭国守護の再検討」(『日本史研究』五八六、二〇一一)
熊谷隆之「鎌倉幕府支配の北陸道における展開」(『富山史壇』一六八、二〇一二)
小原嘉記「西国国衙における在庁官人制の解体」(『史林』八九(二)、二〇〇六)
小原嘉記「南北朝期の尾張国衙と「国衙一円進止之地」」(『日本史研究』五三九、二〇〇七)
小原嘉記「鎌倉前期の東大寺再建と周防国」(『南都佛教』九一、二〇〇八)
佐藤進一『鎌倉幕府守護制度の研究―諸国守護沿革考証編―』(東京大学出版会、初刊一九四八、増訂版一九七一、増訂二刷一九八四)
佐藤進一『室町幕府守護制度の研究』(東京大学出版会、一九六七・一九八八)
佐藤秀成「発給文書の伝達経路に見る六波羅探題」(同『鎌倉幕府文書行政論』吉川弘文館、二〇一九、初出一九九五)
三田武繁『鎌倉幕府体制成立史の研究』(吉川弘文館、二〇〇七)
関幸彦『研究史　地頭』(吉川弘文館、一九八三)
高橋秀樹「鎌倉幕府成立は「イイハコ」になったのか」(『日本歴史』八五二、二〇一九)
高橋慎一朗「六波羅探題被官と北条氏の西国支配」(同『中世の都市と武士』吉川弘文館、一九九六、初出

一九八九）
勅使河原拓也「番役に見る鎌倉幕府の御家人制」（『史林』一〇一（六）、二〇一八）
外岡慎一郎「六波羅探題と西国守護」（同『武家権力と使節遵行』同成社 二〇一五、初出一九八四）
外岡慎一郎「鎌倉末〜南北朝期の守護と国人」（『ヒストリア』一三三、一九九一）
西田友広「守護所の活動と構造」（同『鎌倉幕府の検断と国制』吉川弘文館、二〇一一）
松本一夫「鎌倉初期における守護の類型化」（同『東国守護の歴史的特質』岩田書院、二〇〇一、初出一九九八）
三好俊文「守護領・守護所と播磨国府—鎌倉期守護代の管国統治—」（入間田宣夫編『日本・東アジアの国家・地域・人間』入間田宣夫先生還暦記念論集編集委員会、二〇〇二）
三好俊文「「奥州惣奉行」体制と鎌倉幕府の列島統治」（入間田宣夫編『東北中世史の研究』上巻、高志書院、二〇〇五）
三好俊文「守護と在地武士団」（『兵たちの時代Ⅰ　兵たちの登場』高志書院、二〇一〇）
義江彰夫『鎌倉幕府守護職成立史の研究』（吉川弘文館、二〇〇九）
渡邉正男「丹波篠山市教育委員会所蔵「貞永式目追加」」（『史学雑誌』一二八（九）、二〇一九）

第四章 守護は地方にいなかった?

【室町幕府の地方支配】

谷口雄太

一　室町時代の「守護」をめぐって

「守護大名」という存在への疑問

現代の東京一極集中vs地方分権改革の議論からもうかがえるように、中央と地方の関係（これを「都鄙《とひ》関係」という）は国家運営の重要事項である。それは、中央の権限が強い近現代とは異なって、それ以前、すなわち、地方の存在感が明らかであった前近代（近世・中世）でも同様であった。たとえば、時代をさかのぼると、近世（江戸時代）には中央に江戸幕府、地方に藩があり、全国各地の藩主らは、定期的に江戸に集まる一方（参勤交代）、幕府から自律的な地域支配を行っていた（幕藩体制）。また、戦国時代にも中央に室町幕府、地方に戦国大名があって、大名たちは幕府権力に左右されることなく領域（地域国家）統治を展開していた。武田氏が甲斐《かい》（山梨県）・信濃《しなの》（長野県）、上杉氏が越後《えちご》（新潟県）に覇を唱えていたような構図である。

本章で見ていく室町時代の地方支配も、こうした線で理解されているのではないだろうか。

すなわち、中央には室町幕府、地方には守護大名がいて、各国に守護大名らが割拠し、それぞれが支配を深めていくというイメージである。たとえば、甲斐の守護大名・武田氏、越後の守護大名・上杉氏が自身の守護領国を固めていくといった理解である。

言い換えるならば、鎌倉時代の**守護**（「大犯三カ条」など軍事・警察権を行使した。第三章参照）が、室町時代には権限・権力を強化し、また、公家や寺社の荘園（寺社本所領という）を侵略するなどして地域支配を進展させた**守護大名**となり、その後、戦国時代には各地で戦乱を勝ち抜いた者が、幕府から自立して**戦国大名**となっていくというような流れである。

だが、近年、こうした理解には、いくつもの根本的な批判が投げかけられている。たとえば、「守護大名」なる言葉が否定され、守護は基本的に地方にいなかった、などである。このように、室町幕府の地方支配をめぐってはここ二〇年くらいのあいだで議論が大きく変貌した。というより、一八〇度ひっくりかえったといってもいいほどラディカルに変化した。とりわけ、当該分野は若手・中堅の研究者が議論をリードするという、非常にホットな領域であったのが特徴であった。現在、議論は一旦収束しつつあり、ようやく論点を整理する段階に移ってきている。

そこで、本章では、二一世紀の動向を中心に、最新の成果を紹介していく。なお、本書の性格上、核となる議論しか扱えないことをあらかじめお断りしておく。

二 「守護領国制論」から「室町幕府―守護体制論」へ

はじめに、二〇世紀の動向から確認しておこう。ここでは、教科書的な「守護大名」イメージが形成され、また、批判されていくなかで、今につながる各種論点が登場し、そして、二一世紀の基盤となるべき重要理論「室町幕府―守護体制論」が成立してくるまでを追う。

①守護領国制論（戦後〜一九五〇年代）

一般に知られる「守護大名」のイメージ、すなわち、守護大名が全国各地に割拠し、支配を深めていくという理解は、実は主に戦後から一九五〇年代頃にかけての**「守護領国制論」**という古典的な学説に基づいている［石母田一九四六、永原一九六二］。

具体的には、室町幕府は守護大名の連合政権にすぎず、守護大名はそれぞれの地域において、公家や寺社の荘園（寺社本所領）の侵略などを進め、そして、本来は守護大名の家臣ではなかった「国人《こくじん》」と呼ばれる国内にいる中小領主を自らに従属させていくことで、戦国時代（戦国大名）につながるような領域統治を完成させていくというイメージである。こうした像は、建武《けんむ》五年（一三三八）の室町幕府法（追加法二条）に「（諸国の守護が）寺社本所領に押し入り、荘園を支配して、国人に管理させたり、家臣に分け与えたりしている」と見えている内容とも合致しており、それなりにきちんとした史料的根拠に基づいている。

つまり、地方にいる「強い守護大名」（地方にいて、自らの領国＝「王国」を作り上げていくかのようなイメージを有する存在）が、室町時代の主役として描かれたのである。

②室町幕府論・国人論（一九六〇年代）

だが、そのような「守護大名」像（「守護領国制論」）、すなわち、古典的・通説的な理解は、主に一九六〇年代頃以降、様々な方面からの批判を受けていくことになる。

まず、室町幕府・将軍権力の独自性が発見された。これにより、幕府・将軍権力は守護大名の連合政権などというような脆弱《ぜいじゃく》なものではなく、独自の人的・物的基盤、すなわち、直轄軍《ちょっかつぐん》（奉公衆《ほうこうしゅう》）と直轄領（御料所《ごりょうしょ》）を持っていたことが具体的に明らかにされた。

同時に、幕府・将軍権力は国人らを直轄軍とし、その地方支配については**「将軍―守護」**というルートと、**「将軍―国人」**というルートの二経路を持っていたことが指摘された。このことは、逆にいうならば、国人は守護を介することなく、幕府・将軍権力と直結していたということであるから、守護大名による国人の家臣化というようなこれまでの理解（「守護領国制論」）は再検討を余儀なくされていった［佐藤一九六三、福田・佐藤一九六七］。

さらには、守護大名と荘園の協調・共存関係も明らかにされた。すなわち、守護大名による個々の荘園に対する収奪はあっても、それは既存の体制（荘園制）そのものへの攻撃ではなかったのであり、これにより、守護大名がその領国内部において荘園に対する侵略を進めていったとする構図についても見直しを余儀なくされた［黒川一九六二］。

以上のように、地方にいる「強い守護大名」イメージは相対化され、中央にいる幕府・将軍権力や、各国における守護以外の存在（国人）もまた注目されていったのである。

③ポスト「守護領国制論」（一九七〇年代～一九八〇年代）

このような流れを踏まえて、主に一九七〇年代から一九八〇年代頃にかけて、室町幕府の地方支配については「守護領国制論」にかわる新たな理論が模索されていった。すなわち、将軍・守護・国人という複雑な三者関係を、どうシンプルに理論化・説明していくかである。

一つは、後で詳しく見る**「室町幕府―守護体制論」**という説である。これは、地域における国人の存在感には十分留意をしつつも、幕府による地方支配の基軸・基本理念はやはり守護にあるという理解である〔田沼一九七六、今岡・川岡・矢田一九八五〕。

もう一つは、**「室町幕府―守護・御家人体制論」**や**「室町幕府・守護・国人体制論」**といった考え方である。これは、守護のみでは完結しない支配の実態や、守護と国人の共同統治という現実を重視する理解である〔岸田一九八三、石田一九八八〕。

いずれも幕府の地方支配における守護の重要性は共有したうえで、国人を理論に組み込むかどうかで判断・表現が分かれているが、この点は現在につながる大きな論点となっている。

④地域社会論（一九九〇年代）

このような諸議論に対して、新たな角度から光をあてたのが、主に一九九〇年代頃以降の**「地域社会論」**である。これは、守護（支配者側）そのものではなく、地域社会（被支配者側）のほうに積極的に着目し、歴史的・自律的に形成されてきた地方の秩序を保障・掌握（追認）することによって、守護ははじめて各国の支配者として君臨しえたという理解である。たとえば、若狭《わかさ》守護の武田氏は、同国内に張り巡らされていた寺社・宗教のネットワークを保護・把握することで、地域の統治者として存立しえたという［榎原一九九二、伊藤一九九五］。地域社会とは、守護支配の単なる客体なのではない。むしろ地方の主役であり、守護（上位権力）側もその動向を無視ないし軽視しては統治を進められないほどの力を持った存在だったのである。

室町幕府（将軍）・守護・国人という上位権力三者をめぐる従来の諸議論がややもすれば見落としてきた、自律した地域社会という「下」からの視座・目線は、今も貴重かつ新鮮な課題となっている。

⑤室町幕府―守護体制論（二〇〇〇年代）

以上の流れのすべてを踏まえて、決定版ともいうべき理論を提唱したのが川岡勉《かわおかつとむ》である。川岡は『室町幕府と守護権力』（吉川弘文館、二〇〇二年）のなかで、③については、室町幕府の地方支配における国人の存在感には留意しつつも、しかし、中心に位置していたのが守護であったことは否定しがたいとし、同時に、④については、自律した地域社会の重要性は承認しながらも、しかし、「下」（被支配者側）からの規定性が無限定に強調されてしまっており、「上」（支配者側）の視点・主体性があまりにも軽視されているとして幕府の全国支配は基本的にはやはり「上」（権力・体制側）から、そして、「守護」が中心であるとして、**「室町幕府―守護体制論」**を提起した。これは現在、学界での共通理解＝前提となっているものである。

この「室町幕府―守護体制論」とは、中央のことは幕府が、地方のことは守護がそれぞれ担当し、中央の幕府と地方の守護が基本的には両者対立することなく、互いに協力しながら結合・共存して全国を支配しているというものである。そして、守護は地域社会を統合する者であると同時に、幕府体制の一員として日本国家を運営していく者として位置付けられた。すなわち、国家（中央）と地域（地方）をつなぐ者（いわば媒介項《ばいかいこう》）というきわめて重要な存在として、守護は理解されたのである。それは、川岡の以下の要約に端的に表されているといえる。すなわち、「守護は地域社会に足場をもつのみならず、幕府権力の構成要素として中世後期の中央国家を支える重要な役割を果たした。したがって、室町期守護は、単なる地域権力ではない。守護は国家と地域社会の接点に位置することによって、中世後期の社会構成上きわめて重要な機能を果たす存在なのである（…）求心性と分権性をどのようにかかわらせて捉えるかが大きなポイントになるであろう」。

川岡の学説は、中世の分裂・統合の両面のみならず、近世の幕藩体制や、近現代の中央—地方関係までをも考えさせる、まことにスケールの大きい、刺激的な内容となっている。

三　二一世紀の諸潮流とポスト「室町幕府—守護体制論」

続けて、二一世紀の新潮流を確認していきたい。ここでは、**「室町幕府—守護体制論」**が受容される一方、主に若手・中堅の研究者から鋭い批判もなされていくなかで、新たな視点が続々と登場し、次なる常識が構築されていったことを、論点ごとに眺めていくことにする。

幕府は全国を支配する存在ではなかった

まず、「室町幕府の地方支配」＝「室町幕府の全国支配」という単純な思考そのものにメスが入った。すなわち、幕府には直接支配している地域と、そうでない地域との二つがあるということが、これまで以上に明確になってきたのである［古野二〇〇三、須田二〇〇五］。

前者は**「室町殿御分国《むろまちどのごぶんこく》」**と呼ばれ、主に近畿・中部・中国・四国（四五国）であり、後者はそれ以外の地域で、関東（一〇国）・奥羽（二国）・九州（一一国ないし九国二島）である。

つまり、当時の日本列島は、おおよそ首都・京都を中心に、**「近国《きんごく》」**といわれる地域が幕府の直接支配圏、**「遠国《おんごく》」**といわれる地域が幕府の間接支配圏という、いわば二重構造をとっていたのである。現在は、近国と遠国のあいだに「中間地域」ともいうべき地帯もあったのではないかともされているが［山田二〇一〇］、ともかく、幕府の地方支配は全国一律的なシステムをとっておらず、「室町幕府―守護体制論」が通用しうる**近国＝室町殿御分国**と、その外部にあたる**遠国**の二つの異なる統治構造からなっていたことが分かってきたのである。

ちなみに、このような地域区分については、これまでの研究でもしばしばなされてきたところであり、それ自体特に目新しいものではない。しかし、それらはたとえば、中央先進地帯・中間地帯・辺境後進地帯のように、首都からの距離で列島を先進・後進と分けていくというものであって、現在一般的に用いられている概念（発展段階ではなく、あくまでも地域管轄区分）とは内容が異なっていることには注意が必要である。

なお、こうした地域区分は、日本列島が（首都・東京から）一元的に管理されている現代日本とはいささか異なる構図であるため、一見すると理解しにくいかもしれない。しかし、

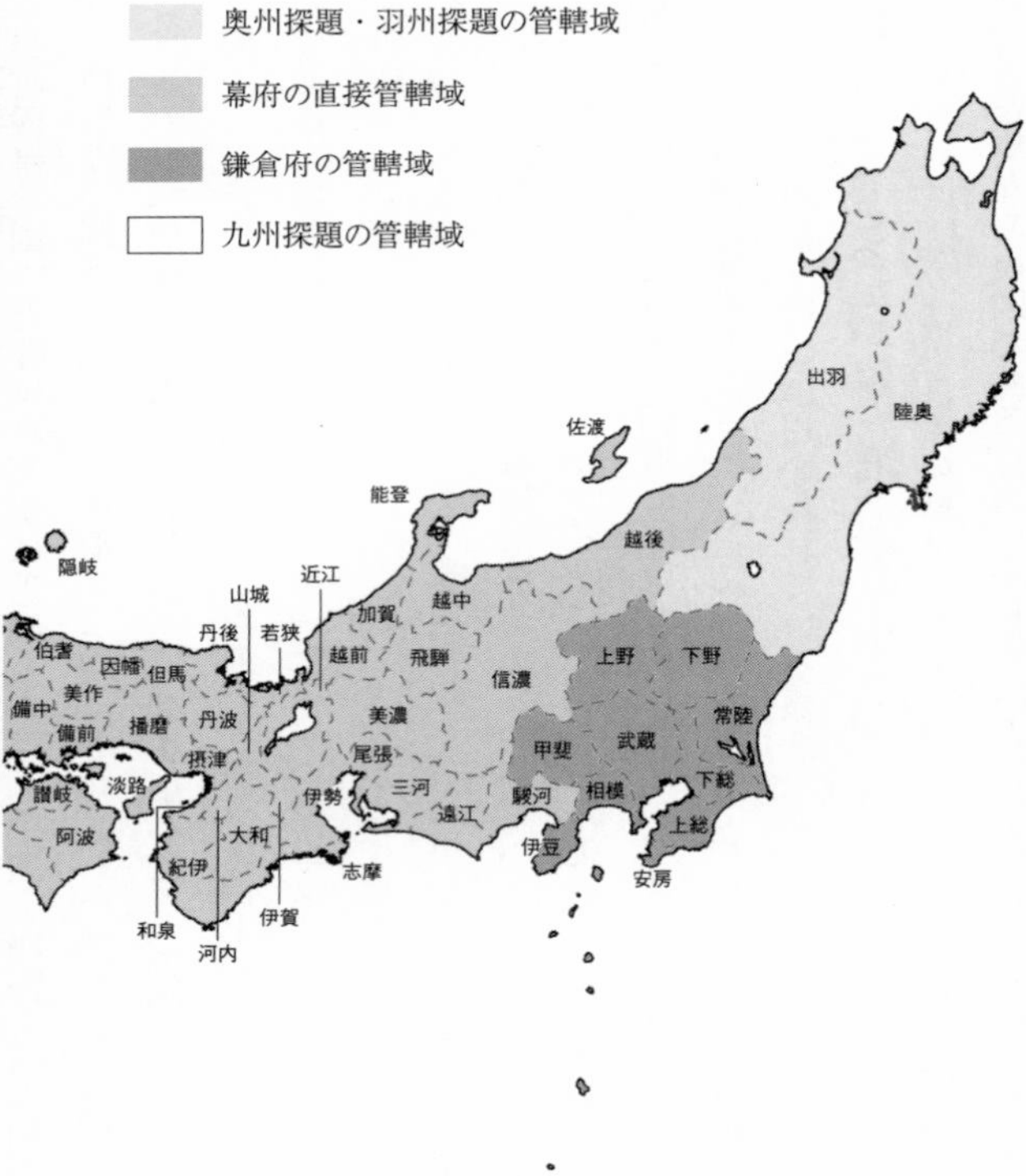
奥州探題・羽州探題の管轄域
幕府の直接管轄域
鎌倉府の管轄域
九州探題の管轄域
出羽
陸奥
佐渡
能登
越後
隠岐
近江
山城
加賀
越中
丹後
若狭
伯耆
因幡
但馬
越前
飛騨
信濃
上野
下野
美作
備中
丹波
美濃
常陸
備前
播磨
甲斐
武蔵
摂津
尾張
淡路
下総
讃岐
伊勢
三河
駿河
相模
遠江
阿波
大和
上総
伊豆
紀伊
志摩
安房
伊賀
和泉
河内

室町殿御分国

このような地域的多元性・多様性こそが室町社会（中世・前近代社会）の実相であり、近代の国家とは異なる社会が過去日本にあったということをしっかりと理解しておくべきだろう。

奥羽と九州は任せっきり

次に、遠国のうち、奥羽・九州には「探題《たんだい》」が設置された。奥州《おうしゅう》探題は大崎《おおさき》氏、羽州《うしゅう》探題は最上《もがみ》氏、九州探題は渋川《しぶかわ》氏であり、いずれも足利一門のなかでも名門というべき一族である。大崎氏は陸奥《むつ》国大崎、最上氏は出羽《でわ》国山形、渋川氏は筑前《ちくぜん》国博多《はかた》を拠点として広域的

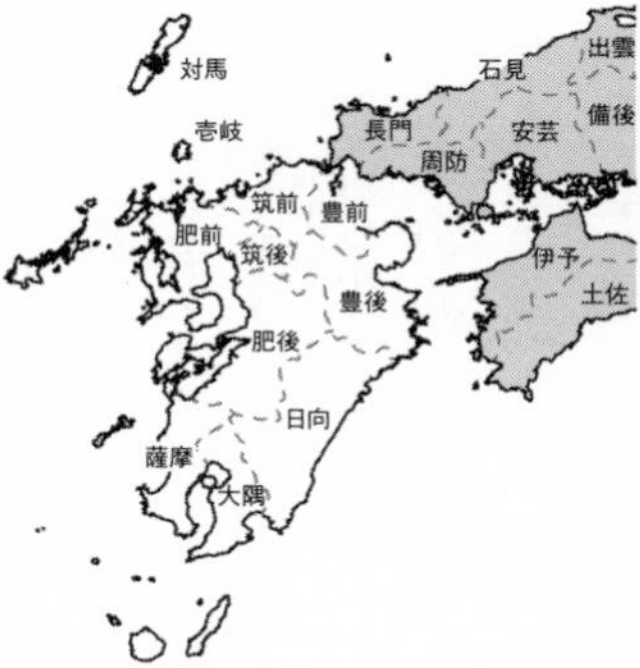

な支配を展開したが、実は室町期、遠国は基本的にはゆるやかな統治（「遠国宥和《おんごくゆうわ》」）が目指されており、多少のトラブルが起こったとしても、幕府としては特に問題視しなかったようだ［黒嶋二〇一二、新名二〇一五、堀川二〇一六］。

将軍並みに強大だった鎌倉公方

また、遠国のうち、関東には**「公方《くぼう》」**（鎌倉公方とも、関東公方とも）が設置された。公方は足利氏であり、初代将軍足利尊氏《たかうじ》の子・足利基氏《もとうじ》（二代将軍足利義詮《よしあきら》の弟）とその子孫が世襲《せしゅう》した。つまり、関東（東）には公方足利氏（弟）を頂点とする鎌倉府が、他方、京都（西）には将軍足利氏（兄）を頂点とする幕府が、それぞれ存在したのである。

この公方足利氏・鎌倉府については戦前以来相当の研究が存在し、とりわけ近年の成果は著《いちじる》しく、将軍足利氏・幕府と同様の組織（人的・物的基盤）を有していたことや、多くの関東武士が東国の首都・鎌倉に結集していたことが明らかにされたが（「在鎌倉《ざいかまくら》」）、なかでも東西両府（幕府―鎌倉府）の関係について、東国（公方）の自律性・自立性を重視するか、はたまた西国（将軍）からの影響力を重視するかで議論が深められている［黒田二〇一三〜二〇一八、杉山二〇一四、亀ケ谷二〇一五、植田二〇一八、谷口二〇二〇］。

この点、事実としては東西並立的であり、公方もそう自任していたようだが、将軍は自らが中心（上）であり、公方はその「藩屏《はんぺい》」（周縁・下）にすぎないと考えており、要するに、東西両足利氏・両府のあいだで、実態と認識のズレがうかがえる［谷口二〇一六］。

以上のように、「遠国」は「近国」とは異なる支配がとられていたが、とはいえ幕府が遠国を完全に放棄したというわけでもなかった。遠国にも将軍と直結する存在は複数おり（「京都扶持衆《ふちしゅう》」などと呼ばれる）、また、都鄙（中央と地方）をつなぐ回路・窓口としても「取次《とりつぎ》」と呼ばれる人物（大名・将軍側近・僧侶など）が担当・活動しているなど、幕府の全国支配は柔軟に機能・維持されていた［桜井二〇〇一、吉田二〇一〇、川口二〇一六］。

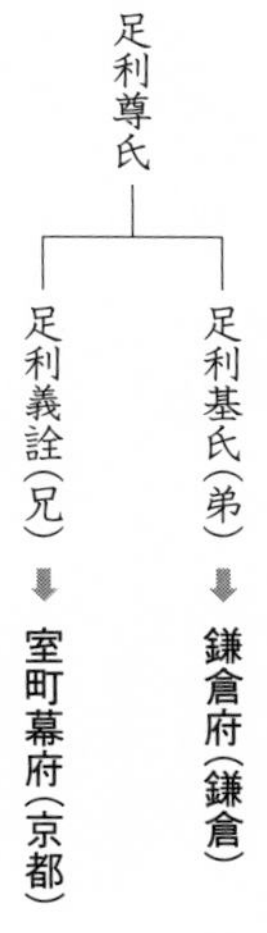

守護は基本的に京都にいた？

続けて、「室町殿御分国」（「室町幕府―守護体制論」が機能する場所＝「近国」）のなかにおいて、「守護」はどこにいたかにメスが入った。すなわち、守護は地方＝各国ではなく、中央＝京都にいたことがこれまで以上に鮮明となってきたのである［山田二〇〇七］。

この点、守護の在京自体はこれまでも知られていたが、守護＝在国というイメージも教科書的な図表（日本列島の地図のうえに、あたかも戦国大名が各地に割拠していたかのように、守護の分国の分布状況が描かれているもの）の持つヴィジュアル的なインパクトもあいまって、完全には払拭《ふっしょく》されてこなかったものと思われる［末柄二〇一三］。事実、大学の講義において、守護は在京か在国かと問うてみても、学生たちの間では後者のイメージが強いようだ。これは学生のみに限らず、一般的にも該当する考えだろう。

だが、守護の在京状況が明らかとなり、研究者のあいだで共通理解が進んだことにより、室町殿御分国（近国）の守護は基本的に在京し、幕政に参画していたこと、他方、遠国との境界に位置する守護（越後上杉氏、信濃小笠原《おがさわら》氏、駿河今川《するがいまがわ》氏、周防長門大内《すおうながとおおうち》氏）は在国し、辺境の防衛をしていたことは、今やほぼ学界の常識となったといってもよい［桜井二〇一四］。

このことはつまり、守護とその一族・家臣ら多くの武士が結集する「首都」（京都）という場に、武家・公家・寺社さらには庶民なども含めて様々な人が出会う一つの社会（「在京領主社会」「室町領主社会」）が形成されたことを意味する（第二章参照）。現在、かかる社会が生み出した政治・経済・文化について、歴史・文学をはじめ、多方面から多彩な分析が進められているところである。そして、都鄙を結ぶ人的・物的なネットワークの存在にも注目が集まり、研究が開花している最中である［早島二〇一〇、山田徹二〇一〇・二〇一五、松井二〇一五、桃崎・山田二〇一六、川口二〇一八、仁木二〇一九］。

このように、研究の最前線は地方（各国）から中央（京都）へと移行しているように映る。地域史から首都論へ、そして、首都と地域を結ぶものへ、興味関心は変わりつつあるようだ。

守護≠大名、大名＝タイメイ

こうした変化は、研究概念・用語自体にも向けられた。

まず、「守護大名」という言葉が「守護領国制論」の崩壊とともに過去のものとなり、**「守護」**と呼ぶのが常態化した。同時に、戦国大名的・自立的な統治を彷彿させる「領国」なる言葉もあまり使われなくなり、幕府からの承認を前提とする**「分国《ぶんこく》」**との表現が一般化した。

続けて、守護の在京が明らかになると、守護とはあくまでも地方支配に関する職にすぎないこと、そして、守護の全員が在京しているわけでもないこと（たとえば、越後上杉氏、信濃小笠原氏、駿河今川氏、周防長門大内氏らは基本的に在国していた）から、現在では京都にいる有力者を（「大名《だいみよう》」ではなく）**「大名《たいめい》」**とするのが妥当《だとう》ではないかとされる。

つまり、「守護が在京している」というのは実は正確ではなく、「在京して幕政の一翼を担う有力者＝大名《たいめい》が地域行政に携わる守護という職を兼ねている」というほうが実態に即していると理解されているのである。まさに、地方目線から中央目線へ、研究者の認識が大きく変化しているのがお分かりいただけるであろうか。

むろん、実態としては同一人物（細川《ほそかわ》氏・畠山《はたけやま》氏・斯波《しば》氏など）が「大名《たいめい》」であると同時に「守護」でもあるわけだが、ここで重要な箇所は、「守護」と「大名《たいめい》」が厳密に区別されたことであり、現在の学界が、地方支配を担う「守護」の側面よりも、中央政治を担う「大《たい》名《めい》」の側面に関心を移しつつあることだ〔山田二〇〇七、吉田二〇一〇、末柄二〇一三〕。

在京する大名が、首都から地方を支配する

以上から、「守護が在京している」というのではなく、「在京する大名《たいめい》が（首都から）各地を支配している」というほうが妥当であり、室町幕府の地方支配もこうした線で理解される。

たとえば、大名《たいめい》の守護分国が必ずしも面的に隣合わせになっていないこと（斯波氏の守護分国は越前《えちぜん》国・尾張《おわり》国・遠江《とおとうみ》国などと離れていること）は、京都を拠点にしているからこそ可能であり、有効である。また、大名《たいめい》は守護分国以外の各地（ときに経済的・軍事的な枢要地《すうようち》）

にも独自の所領（大規模な荘園や都市的な場など）を有したが（いうまでもなく、ここでの彼の立場は守護ではなく、有力な領主である）、これなども「在国する守護」という立場では見えにくく、「在京する大名《たいめい》（有力な都市領主）」という立場でこそ理解しやすいだろう［吉田二〇〇五、山田二〇〇八］。

すなわち、大名《たいめい》は京都にいて幕政に関与しながら、同時に守護としての立場で各地に分国を持ち、加えて領主としての立場で分国以外の各国にも所領を有したのである。

このように、首都を拠点にして都鄙をまたにかける武士との実像があったわけだが、このことは必ずしも室町期に限らず、中世前期（院政・鎌倉期）も、近世（江戸期）も基本的に同じである。中世前期の武士たちも京都・鎌倉・各国を往来していたし、また、近世の武士たちも江戸と国元を往復しており（参勤交代）、首都（中央）の存在感はわれわれが想像する以上に大きかった。この点、現代の日本は首都一極集中といわれ、その打破（地方分権）が叫ばれているが、首都への集中・集住状況は日本では前近代から続く相当根深い構造であり、東京一極集中の解体が容易に進むなどとは思われない、というのが正直なところである。

なお、われわれは武士といえば地方（辺境）に土着して、各地に割拠しているというイメージを持っているかもしれないが、それはもはやあまりにも一面的な理解（端的にいえば、虚像）であって、おそらくそのおおもとは、「都会に住む軟弱な貴族＝旧勢力」像に対する、「質実剛健な田舎の武士＝新勢力」像という、ドラマなどでもしばしば見られる、古典的な二項対立（公武対立・新旧対立）による理解がいまだに尾を引いていることによるのであろう。ともあれ、多くの武士は在京し、有力者は「大名《たいめい》」として都鄙を支配したのであり、武家も公家も寺社も中央の有力領主（当時彼らは「権門《けんもん》」と呼ばれた）としては大差なく共存していたのである。

こうした「大名《たいめい》」との概念は非常に画期的・先鋭的であり、室町殿御分国内では非常に分かりやすいけれども、なお課題も残っている。というのは、「大名《たいめい》」に該当する人物が曖昧《あいまい》で、御分国内でも在京しない有力者（上杉氏・小笠原氏・今川氏・大内氏ら）には適用できず、そして、遠国の実力者（東国にいる小山氏・結城氏・佐竹氏や、九州にいる少弐氏・大友氏・島津氏などの伝統的豪族層）にも該当しないなど、使用範囲に限界があるからである。個人的にはこのクラスの大勢力は「在京大名《ざいきょうだいみょう》」「在国大名《ざいこくだいみょう》」「東国大名《とうごくだいみょう》」「戦国大名《せんごくだいみょう》」などとも接続可能な「大名《だいみょう》」で呼称を統一するのがむしろ至便ではないかと思っているが、なお幅広い議論が必要だろう。少なくとも、「大名《だいみょう》」の用語を捨て去ってしまう必要性は現状見当たらず、また、「大名《たいめい》」との概念についてもより一層詰めていくべきであろう。

地方を支配する守護以外の存在

ともあれ、このように、いま、室町幕府の地方支配は、「中央からの支配」に関心が移行しつつある。**「室町幕府―守護体制論」**の内実も、室町幕府＝首都からの地域統治であった。しかしこれは、ときにあまりにも京都中心的な議論ではないかと批判されるように［古野二〇一七、川岡二〇一九］、地域における守護としての側面にも留意しておく必要があるというのも事実である。では、改めて地方へ目を向けてみると、現在の守護をめぐる議論はどうなっているのか。実は、ここでも「室町幕府―守護体制論」のうち、守護の位置付けにメスが入っているのである。すなわち、結論からいってしまうと、室町幕府の地方支配の実態面において、守護以外の存在の重要性・多様性に強く光があてられているのだ［山田二〇〇七、西島二〇〇七］。

具体的には、一国の支配において、守護が必ずしも府中《ふちゅう》（国府《こくふ》の所在地）や大規模な荘園・都市的な場などの政治的・経済的・軍事的な重要拠点を押さえてはおらず、むしろ当該守護（大名）以外の存在＝在京・在国の有力者（国人に代表される）が、それらを押さえていた事例の少なくないことが、より一層明確になってきたのである。

たとえば、備前国《びぜん》では、西部の府中周辺は松田氏《まつだ》が支配しており、守護赤松氏《あかまつ》は東部（福岡）を中心に統治を展開していた。また、遠江国《とおとうみ》では、斯波氏が守護を務めたが、ここでもまた大規模荘園である浜松庄《はままつのしょう》・中世都市引馬《ひくま》は吉良氏《きら》が支配していた。こうしたケースは他国でも一般的で、地域統治は多様であり、地方支配の主体は守護以外にもいたことが分かる。

そのうえで、このように一国の内部において、その国の守護を介することなく地域を統治し、政治的・経済的・軍事的に幕府と直接結びつく勢力（右に見た松田氏・吉良氏はともに将軍と直結している）が多数いる状況、すなわち、地方支配が必ずしも守護のみに収斂《しゅうれん》していない現実を前にして、それを「室町幕府―守護体制論」と呼び続けるのは、果たして妥当なのかが問われ、守護以外の勢力を体制概念上どのように位置付けていくかが課題となった。

その結果、「将軍（室町殿）―守護」というラインと「将軍（室町殿）―（直属）国人」というラインの二系列で理解する**「室町殿体制論《むろまちどのたいせいろん》」**［吉田二〇一〇］、また、国人をはじめ多彩な非守護地域権力（伊勢国《いせ》の北畠氏《きたばたけ》、飛騨国《ひだ》の姉小路氏《あねがこうじ》、大和国《やまと》の興福寺《こうふくじ》など）を「知行主《ちぎようしゆ》」という概念で括《くく》った**「室町幕府―守護・知行主体制論」**［大薮二〇一三］が提起され、学界でも大きな話題となった。こうした理解のほうが、「室町幕府―守護体制論」よりも、実情に即した表現なのではないか、と。

このような**ポスト「室町幕府―守護体制論」**（＝川岡理論批判）がおおよそ二〇〇〇年代後半から二〇一〇年代前半頃にかけての潮流といえ、そのインパクトは非常に大きい。

復権する「室町幕府―守護体制論」

このように、室町幕府の地方支配の実態面において、守護以外の存在感が明らかとなった。だが、二〇一〇年代後半頃からは一転して逆流が展開される。すなわち、室町幕府の地方支配は、やはり**「室町幕府―守護体制論」**でよいのではないか、というのである。

具体的には、守護から自律的な勢力という、いわば「例外」を指摘するだけでは、「室町幕府―守護体制論」の批判というより補完にとどまってしまうのであって、地域統治の基軸はやはり一貫して守護にあったとしてよいという意見が出た〔呉座二〇一三〕。同様に、室町幕府の地方支配は、実際には守護のみならず多様な勢力によって担われていたが、その特質はやはり守護を通したものにあるから、現実・実態としては「室町幕府―守護・知行主体制的」であるものの、同時に理念・認識としては「室町幕府―守護体制的」であるという見解も出された〔堀川二〇一四・二〇一五〕。

このように、基本的には「守護＋守護以外」による地方支配という現実がある一方、「守護」による地方支配という理念もあるという理解で、現状一定のすりあわせ（合意）ができつつあるように見える［市川二〇一七、花岡二〇一八、木下二〇一八］。

この点、「守護か、守護以外か」という話はこれ以前（二〇世紀。本章第二節参照）からも存在したわけだが、今回の話は個別具体的な事例検討がより一層豊富・精緻なものとなっており、そして、それらを踏まえたうえで改めて理論が議論されるなど、研究のレベルが深化していることが分かる。かくして、当事者間でも「守護か、守護以外か」という終わりなき二項対立的な構図の回避が目指されて［吉田二〇一三］、**「室町幕府―守護体制論」**→（現実としては）**「室町幕府―守護・知行主体制論」**→（理念としてはやはり）**「室町幕府―守護体制論」**と議論が進化してきたことは、相当に大きな成果であったということができるだろう。

そして、このような話（室町幕府の地方支配、さらには室町時代研究そのもの）を主に若手・中堅の研究者がリードし、熱い研究領域を創りあげてきたことも魅力的である。

ただ、残された問題も少なくない。

たとえば、守護以外の勢力について、「知行主」との概念が提起されたが、その定義は曖昧ではないかとの批判も複数寄せられている［藤井二〇一五、堀川二〇一五、山田二〇一五］。

また、守護以外の勢力は、守護のような振る舞いをしていた事実から、かつては一国内部で守護職権を分割された「分郡守護《ぶんぐん》」と考えられてきたが、それが実は守護職権とは関係のない単なる領主（研究者によっては知行主）であったことが明らかにされた［山田二〇一三、大薮二〇一三、河村二〇一六、水野二〇一六］。だが、それでは逆に、守護のような振る舞いをしていても、その実、守護とは関係がない、つまり、行使している職権からだけでは守護とは判断できないとなると、今度は守護そのものの判定基準は一体どうなるのだろうか（なお、そもそも論ではあるが、ある人物が守護であることは、決して当たり前の事実ではない。研究者が各種史料に基づき、当該人物が守護なのではないかと認定しているのである）。この点についてさらにいえば、近江国の京極《きょうごく》氏、尾張国の一色《いっしき》氏、駿河国の今川氏（仲秋《なかあき》系）などのように、守護ではない（守護が別にいた）と思われるにもかかわらず、守護と呼ばれていた人物もいる［嶋田二〇〇四・二〇一〇］。つまり、守護と呼ばれていても、守護のような振る舞いをしていても、その人物は守護ではないケースが存在しているのである。

このように、そもそも、ある人物を守護と認定する要素は何か、守護であることの実態と認識の関係はどのようになっているのか、今後追究すべき課題は多いといわねばならない。

四　熱き議論の果てに

熱い時代、中世と現代

以上、室町幕府の地方支配について整理した。

はじめに、二〇世紀の動向を確認し、教科書的な「守護大名」なるイメージが形成され批判されていくなかで（「室町幕府論・国人論」）、今につながるような諸論（「守護領国制論」）、点が登場し（ポスト「守護領国体制論」・「地域社会論」）、二一世紀の基盤となるべき重要な理論**「室町幕府―守護体制論」**が成立してくるまでを時系列順に追いかけた。

続けて、二一世紀の潮流を確認し、「室町幕府―守護体制論」が受容されると同時に、主に若手・中堅の研究者から鋭い批判もなされていくなかで（室町殿御分国とその外部、在京・守護・大名の問題、「守護か、守護以外か」の論争）、新たな視点が続々と登場し、次なる常識が構築されていったことを（「近国」「遠国」の二重構造、室町領主社会、守護≠大名《たいめい》、中央からの支配、実態と認識）、論点ごとに眺めた。

ここ二〇年（新世紀）は、「室町幕府―守護体制論」（川岡理論・パラダイム）をどう乗り越えていくかが問われ、それに全国の若手・中堅の研究者がそれぞれの「武器」（フィールド）を持って参戦し、論文で、書評で、新たなパラダイムを目指して、ハイレベルかつホットな議論（批判・応答）が展開された。こうして多種多様な検討が行われた結果、室町研究は大きく開花したわけで、現在の「室町ブーム」はかかる延長線上に位置しているといえようか。

そうしたなか、室町幕府の地方支配（理念）については「室町幕府―守護体制論」が確認された。他方、**「守護」**と**「大名《たいめい》」**は異なるもので、在京する有力者（大名《たいめい》）が地域統治の職（守護）を兼ね、首都から各地を支配しているとの構図（室町領主社会）が明らかとなり、守護（地方）よりも大名《たいめい》（中央）に関心が移行した。同時に、地域においても、守護以外の勢力が現実には多数いたことが、改めて了解された。つまり、守護の「高すぎる」位置付けは、都鄙両面の研究状況から相対化されていったといえるだろう。

ただし、あくまでもそれは相対化であって否定ではない。事実、地域における守護の存在感は否めず、理念としての地域支配体制理解としては**「室町幕府―守護体制論」**でおおむね問題はないと考えられる。この学説は、シンプルであり、強力だ。現在、かかる研究状況は比較的落ち着きを見せているため、この場を借りて整理した次第である。なお、今回、個別具体的な成果において触れきれなかった貴重な仕事も少なくないけれども、ここではおおまかなアウトラインを描き出すことに努めた。この点、ご海容《かいよう》頂ければと願う。[*1]

いずれにしても、二〇〇〇年代から二〇一〇年代にかけての室町幕府の地方支配研究は非常に熱いものがあった。同時に、中央―地方の関係は、中世のみならず、近世、近代、そして現代にまでつながる一大テーマでもある。本章で見てきた中世（過去）の議論から、現代（現在）の中央集権・地方分権などの問題について、もしも読者諸賢が何らかの新しい視点を得られたのならば、幸いである。

＊1　なお、直近、関係論者による研究史整理も出たので、併せて参照されたい（大薮海「室町期守護論の「これまで」と「これから」」秋山哲雄・田中大喜・野口華世編『増補改訂新版　日本中世史入門』勉誠出版、二〇二一年）。

参考文献

石田晴男「室町幕府・守護・国人体制と「一揆」」（『歴史学研究』五八六、一九八八）
石母田正『中世的世界の形成』（伊藤書店、一九四六）
市川裕士『室町幕府の地方支配と地域権力』（戎光祥出版、二〇一七）
伊藤俊一「中世後期における「地域」の形成と「守護領国」」（『歴史学研究』六七四、一九九五）
今岡典和・川岡勉・矢田俊文「戦国期研究の課題と展望」（『日本史研究』二七八、一九八五）
植田真平『鎌倉府の支配と権力』（校倉書房、二〇一八）
榎原雅治「中世後期の地域社会と村落祭祀」（『歴史学研究』六三八、一九九二）
大藪海『室町幕府と地域権力』（吉川弘文館、二〇一三）
大藪海「中世後期の地域支配」（『歴史学研究』九一一、二〇一三）
亀ヶ谷憲史「足利義持期の室町幕府と鎌倉府」（『日本史研究』六三三、二〇一五）
川岡勉『室町幕府と守護権力』（吉川弘文館、二〇〇二）
川岡勉「大内氏と室町幕府」（大内氏歴史文化研究会編『大内氏の世界をさぐる』勉誠出版、二〇一九）
川口成人「足利義教政権後期における都鄙間交渉の転換」（『古文書研究』八二、二〇一六）
川口成人「大名被官と室町社会」（『ヒストリア』二七一、二〇一八）
河村昭一『南北朝・室町期一色氏の権力構造』（戎光祥出版、二〇一六）
岸田裕之『大名領国の構成的展開』（吉川弘文館、一九八三）

木下聡『室町幕府の外様衆と奉公衆』（同成社、二〇一八）
黒川直則「守護領国制と荘園体制」（『日本史研究』五七、一九六一）
黒嶋敏『中世の権力と列島』（高志書院、二〇一二）
黒田基樹編『関東足利氏の歴史』一～五（戎光祥出版、二〇一三～二〇一八）
呉座勇一「室町期の守護と国人」（『東京大学日本史学研究室紀要』一七、二〇一三）
桜井英治『室町人の精神』（講談社、二〇〇一）※二〇〇九年に講談社学術文庫
桜井英治「室町幕府の守護在京について」（『日本史の研究』二四六、二〇一四）
佐藤進一「室町幕府論」（『岩波講座日本歴史』七、岩波書店、一九六三）
嶋田哲「室町期における佐々木京極氏と近江国「守護」職」（『年報三田中世史研究』一一、二〇〇四）
嶋田哲「室町期における駿河国守護職と東駿河」（『日本歴史』七四二、二〇一〇）
末柄豊「大名は任国ではなく京で幕政に関与した」（『週刊新発見！日本の歴史』二四、二〇一三）
杉山一弥『室町幕府の東国政策』（思文閣出版、二〇一四）
須田牧子「書評　川岡勉『室町幕府と守護権力』」（『史学雑誌』一一四―一、二〇〇五）
谷口雄太「京都足利氏と水無瀬神宮」（佐藤博信編『中世東国の社会と文化』岩田書院、二〇一六）
谷口雄太『室町期東国武家の「在鎌倉」』（鎌倉考古学研究所、二〇二〇）
田沼睦「室町幕府・守護・国人」（『岩波講座日本歴史』七、岩波書店、一九七六）
永原慶二『日本封建制成立過程の研究』（岩波書店、一九六一）

新名一仁『室町期島津氏領国の政治構造』（戎光祥出版、二〇一五）
仁木宏「戦国京都都市論」（『歴史評論』八三〇、二〇一九）
西島太郎「中世後期の在地領主研究」（中世後期研究会編『室町・戦国期研究を読みなおす』思文閣出版、二〇〇七）
花岡康隆「応永～永享期における信濃村上氏の動向と室町幕府」（『信濃』八二〇、二〇一八）
早島大祐『室町幕府論』（講談社選書メチエ、二〇一〇）
福田豊彦・佐藤堅一「室町幕府将軍権力に関する一考察（上・下）」（『日本歴史』二二八・二二九、一九六七）
藤井崇「書評　大薮海『室町幕府と地域権力』」（『日本歴史』八〇一、二〇一五）
古野貢「書評　川岡勉『室町幕府と守護権力』」（『ヒストリア』一八七、二〇〇三）
古野貢「中世後期守護研究の現在」（『十六世紀史論叢』八、二〇一七）
堀川康史「南北朝期室町幕府の地域支配と有力国人層」（『史学雑誌』一二三―一〇、二〇一四）
堀川康史「書評　大薮海『室町幕府と地域権力』」（『史学雑誌』一二四―七、二〇一五）
堀川康史「今川了俊の探題解任と九州情勢」（『史学雑誌』一二五―一二、二〇一六）
松井直人「南北朝・室町期京都における武士の居住形態」（『史林』九八―四、二〇一五）
水野智之「尾張守護と智多郡主に関する覚書」（『知多半島の歴史と現在』二〇、二〇一六）
桃崎有一郎・山田邦和編『室町政権の首府構想と京都』（文理閣、二〇一六）

山田徹「南北朝期の守護在京」（『日本史研究』五三四、二〇〇七）
山田徹「南北朝期の守護論をめぐって」（中世後期研究会編『室町・戦国期研究を読みなおす』思文閣出版、二〇〇七）
山田徹「南北朝期における所領配分と中央政治」（『歴史評論』七〇〇、二〇〇八）
山田徹「室町領主社会の形成と武家勢力」（『ヒストリア』二二三、二〇一〇）
山田徹「「分郡守護」論再考」（『年報中世史研究』三八、二〇一三）
山田徹「室町時代の支配体制と列島諸地域」（『日本史研究』六三一、二〇一五）
山田徹「書評　大薮海『室町幕府と地域権力』」（『歴史評論』七七九、二〇一五）
吉田賢司「書評　清水克行『室町社会の騒擾と秩序』」（『史学雑誌』一一四―七、二〇〇五）
吉田賢司『室町幕府軍制の構造と展開』（吉川弘文館、二〇一〇）
吉田賢司「大薮報告批判」（『歴史学研究』九一三、二〇一三）

第五章　滅亡は必然か？　偶然か？

【鎌倉幕府の滅亡】

木下竜馬

一　全盛期のなかでの滅亡

滅亡をめぐる謎

鎌倉幕府がいかに滅びたのかという問いに答えるのは、そこまで難しくない。元徳《げんとく》三年（一三三一）、後醍醐《ごだいご》天皇が兵を挙げる（元弘《げんこう》の変）。鎌倉幕府は大軍を派遣し、後醍醐を退位させたのち隠岐《おき》へ流刑に処した。計画参加者の処罰も済み、後醍醐による討幕計画はいったん挫折する。しかし、翌年後半から畿内において楠木正成《くすのきまさしげ》や護良親王《もりよししんのう》らの反幕挙兵が散発し、幕府はその鎮圧に手間取るうちに、正慶《しょうきょう》二年（一三三三）になって後醍醐は隠岐から脱出し、ふたたび討幕を全国に呼び掛けるにいたる。これを重く見た幕府はふたたび大軍を編成し西国に派遣するも、大将・名越高家《なごえたかいえ》が初戦にあたる四月二七日にあっけなく戦死し、もう一方の大将であった足利高氏《あしかがたかうじ》（尊氏）も突如後醍醐方に寝返ったため、京都は陥落、六波羅探題《ろくはらたんだい》は五月七日に滅亡した。ついで五月八日、関東においても新田義貞《にったよしさだ》らが挙兵し、分倍河原《ぶばいがわら》の合戦で幕府軍を破る。大軍勢と化した新田軍によって五月二二日に鎌倉は攻め落とされ、北条高時《ほうじょうたかとき》以下の北条氏一族は滅亡した。五月二五日には博多の鎮西探題《ちんぜいたんだい》も反乱軍に攻め滅ぼされた。このように正慶二年四月末から五月の数週間でいきなり均衡が崩れ、御家人含む各地の勢力が幕府から離反し、一挙に瓦解するにいたったのである。

では、なぜ鎌倉幕府は滅びたのであろうか。この問いに答えるのは、とても難しい。

よく言われる滅亡の原因は、蒙古襲来（元寇）の恩賞問題と、永仁《えいにん》の徳政令（一二九七）である。

・蒙古襲来（一二七四、一二八一）での戦功に対して恩賞が出せず、御家人たちが不満をもった。

・御家人たちの借金を帳消しにする永仁徳政令により、御家人への融資が渋られるようになり、むしろ逆効果だった。徳政令はすぐに撤回され、幕府の信用が失われた。

これらの失政で幕府の支配は動揺し、御家人から愛想をつかされ離反を招いたという説明は、現在の教科書類にも載せられており、まだ一定の影響力を保持しているが、現代歴史学の場ではほぼ顧みられることはない。なぜならば研究が進み以下のように認識が改まったからである。

・幕府は苦慮しながらも蒙古襲来の恩賞給与に尽力していた［高二〇一二］。武士たちが不満をもったという史料的証拠も特にない。

・徳政令の社会的・民俗的背景が解明され、一時的な効力の気まぐれな法令ではなかったことが判明した。徳政令が撤回されたというのも誤解である［笠松一九八三］。御家人への融資が渋られるようになったという点も根拠がなく、江戸時代の棄捐令《きえんれい》（江戸幕府による旗本御家人の借金取り消し令）などからの類推にすぎない［村井一九八五］。

そもそも、両方とも一三世紀後半のできごとであり、そこから鎌倉幕府が滅亡した一三三三年までは遠く、滅亡の原因を直接説明するものとはいいにくい。

問題は、一三世紀末からの鎌倉幕府―すなわち、九代執権の北条貞時《さだとき》の時代（一二八四―一三一一）と一四代執権の北条高時の時代（一三一一―一三三三）をどう評価するかという点にある。旧来は、八代執権の時宗《ときむね》期から一転して、貞時・高時の時代は「衰微時代」と見なされていた［三浦一九〇七］。承久《じょうきゅう》の乱で後鳥羽《ごとば》方を討ちやぶった義時、「御成敗式目《ごせいばいしきもく》」を制定した名執権の泰時、謡曲「鉢の木」など諸国回遊伝説のある時頼《ときより》、そして蒙古襲来を退けた時宗などの歴代北条氏にくらべ、貞時・高時両人の評価は一般的に低いと言わざるをえない。高時は「太平記《たいへいき》」で田楽や闘犬に熱中して幕府滅亡を招いたと非難され、暗愚、暴虐のイメージが強い。貞時にいたってはさらに影が薄く、確たるパブリックイメージすらないといえる。

史料的な限界もこの低評価には関わっていよう。鎌倉幕府研究の基本史料となる「吾妻《あずま》鏡《かがみ》」は時宗初期にあたる文永三年（一二六六）で途絶えており、貞時・高時期の鎌倉内でどのようなことがあったかは極めて断片的な史料に頼らざるをえない。そのため、鎌倉幕府の滅亡という結果から逆算して、この時期を低く評価してしまいがちであった。

しかし、研究が進んだ近年では、鎌倉幕府は全盛期のなかで突如滅亡したというのがおおよその学界の共通認識になっている［筧二〇〇二］。実のところ、北条貞時期こそが幕府全盛期であり、高時期も末期までは目立った動揺は見られない。たとえば室町幕府の後期は、将軍が暗殺されたり、首脳部が分裂したり、地方がまったく統制不能になったりしたが、鎌倉幕府は、そのようなそれとみてわかる衰退期をもたないのである。

それではなぜ鎌倉幕府は滅びたのか。あるいは、その問いに歴史学ではどう答えてきたのか。幕府滅亡は南北朝内乱の幕開けでもあり、背後の社会変動を捉える研究は大量に積み重ねられてきたが、一方で滅亡の理由を幕府内の要因から説明することも行われてきた。その代表的なものが、佐藤進一《さとうしんいち》の提唱した**「得宗専制論《とくそうせんせい》」**である。

佐藤進一は、鎌倉幕府政治史全体の見取り図をつくり、滅亡にいたるまでの必然性を得宗専制論という一貫した論理で説明したため、ひろく受け入れられ、通説的な地位を占めるにいたった。以下、第二節では、佐藤進一の議論を紹介する。第三節では、佐藤説を踏まえた近年の研究の成果を整理し、「なぜ滅びたか」という問いの行方を考える。[*1]

二　幕府滅亡の必然性——佐藤進一の得宗専制論

得宗の幕府私物化は武士たちへの裏切り

佐藤の得宗専制論の出発点は、戦前に刊行された『鎌倉幕府訴訟制度の研究』(なんと卒業論文が原形)〔佐藤一九四三〕にあり、戦後の論文「鎌倉幕府政治の専制化について」〔佐藤一九五五］で確立され、のちに『日本の中世国家』［佐藤一九八三］で簡潔に整理されている。これらを以下に要約しよう。

佐藤は、幕府政治の流れを**将軍独裁→執権政治→得宗専制**の三段階でとらえる。草創期の幕府は源頼朝のように将軍が独裁的権力を握っていたが、頼朝死後は、東国の有力御家人層が協調し執権・北条氏が代表にたつ執権政治へと次第に移行した。執権政治下では、将軍は実権を失い、政務の中心には合議を旨とする評定が据えられ、有力御家人たちは評定衆《ひょうじょうしゅう》となって議論に加わった。御家人の権利を保護するため裁判制度が拡充され、「御成敗式目」のような法典整備が進められた。また、御家人は将軍の前では平等という意識も強まった。かつて、御家人たちは頼朝を擁立しながらも政治の中枢から遠ざけられていた。その御家人たちの意見が政治に反映されやすくなったのが執権政治の意義であると佐藤は評価する。いわば執権政治とは、武士たちによる武士のための政治だとされたのである。北条泰時を典型とするように、北条氏は執権の地位にありながら、強圧的な権力はふるわず、御家人たちの意見や利害を代弁するものと評価された。

ところが、鎌倉後期に北条氏に権力が集中していくにしたがい、状況が変わっていく。執権という地位を離れ、得宗（北条氏の家督）に実権が移った。得宗が執権の地位を北条氏一族の誰かに譲っても、実質的に政治を主導しつづけるようになったのである。得宗はみずからの所領を大量に獲得し、それを支配する機関（公文所《くもんじょ》）を設けた。得宗に私的に仕える御内人《みうちびと》（得宗被官ともいう）も増加した。

執権政治をささえる諸要素は一変していく。幕府意思決定の最高会議である評定に北条一門が進出して評定衆就任が増加する。次第に就任自体が名誉とみなされるようになり、評定衆の若年齢化が進み、合議は空洞化した。一方、評定に代わり、得宗私邸の会議である寄合《よりあい》で実質的に政務が決定されるようになる。また、北条氏一門によって諸国の守護の地位が大量に獲得される（第三章参照）。御内人は力を増して一般御家人を圧迫し、幕府諸機関で要職を獲得するようになる。得宗への権力集中と連動して、裁判は御家人の権利保護の精神を失い、調停ではなく一方的に判決を強制する方向に進んだ。このような鎌倉後期の政体を、**得宗専制**と称している。源氏将軍以降は北条氏が実権を握った時代だと漠然と認識されていたのを、鎌倉後期を画期として執権政治と得宗専制という正反対の性格をもつ時期にわけたのが、佐藤説の大きな特徴である。

以上の要約からわかるように、おおむね執権政治にはプラスの、得宗専制にはマイナスの評価がなされている。本来は一御家人に過ぎなかった得宗が幕府を私物化したことで、幕府を支えるはずだった御家人は離反し滅亡に至るという構図である［佐藤一九五四］。この図式には、戦後歴史学で支配的であったマルクス主義歴史学との親和性が見られる。マルクス主義史学の根本には、歴史を階級闘争の過程と見なす史観がある。鎌倉幕府は、都市にあって地方を支配する貴族たちの公家政権を打倒し、武士、すなわち在地領主（都市領主ではなく、実際に現地で土地を支配するもの）階級の利害を実現すべき政権とされた。執権政治期は幕府本来の階級的使命に応えた時期といえる。逆に、在地領主階級の代弁者であるべきにもかかわらず武士たちを圧迫した専制期の得宗は、いわば階級的裏切りをはたらいたことになるだろう。佐藤進一自身は必ずしもマルキシストではないが、佐藤説はマルクス主義史学の構図によくあてはまるようにできており、佐藤も戦後はその枠組みに歩み寄っていった。また、**善なる合議**（執権政治）と**悪しき専制**（得宗専制）のせめぎあいというシンプルな図式も、説得力があった。

佐藤進一の得宗専制論は通説化し、鎌倉幕府の政治史は、得宗勢力と御家人勢力との相克《そうこく》として叙述されるようになった［網野一九七四］。また、お飾りと思われていた源氏将軍以降の摂家将軍・親王将軍が、実は得宗に反発する御家人勢力が結集する核であったと評価されるようになり、将軍権力を得宗が圧倒する側面に注目が集まった。しかし、幕府滅亡まで傀《かい》儡《らい》でも将軍が擁立されつづけたことから、将軍権力を克服できなかった得宗権力の限界や、北条氏の出自の卑しさが強調された［村井一九八四］。また、佐藤進一は得宗専制の典型をおおむね貞時・高時期としていたが、得宗の権力集中の萌芽《ほうが》が時頼期に認められるようになり、得宗専制のはじまりをそこまで引き上げる見解も現れた［上横手一九七五、村井一九八四］。

そして、全国の得宗領および北条氏一門所領の検出が進み、膨大な御家人領や関東御領《かんとうごりょう》（鎌倉幕府直轄地）が得宗領に組み込まれていたことが分かった［石井二〇〇四、川島二〇〇八］。得宗が鎌倉幕府を私物化することのメリットが如実に明らかになったのである。

また幕府裁判を強制執行の視点から再検討した古澤直人《ふるさわなおと》は、幕府裁判の判決が強制され地域社会への圧力が強化されていく現象の背景に、御家人らが御内人に組み込まれていく得宗専制の強化があるとした。そして、**得宗専制による抑圧→在地領主たちの反発→幕府滅亡**という構図を再構築した［古澤一九九一］。こうして得宗専制論は、幕府滅亡の必然性をその内部から説明しうる学説として発展していった。

三　専制化は滅亡を説明できるか？——近年の得宗専制論見直し

不動の通説かのように見えた得宗専制論も、近年さまざまなかたちで見直しや批判がなされている。新たな事実認識や評価が試みられたことによって、「なぜ幕府が滅亡したのか」という問いと答えもかたちを変えていく。本節ではこの二〇年の得宗専制期の研究をまとめる。

「得宗専制期」にも段階があった

大きな前進をもたらしたのが、細川重男《ほそかわしげお》［二〇〇〇、二〇〇七］である。前述の通り鎌倉後期の幕府の内情をうかがえる史料は僅少だが、細川は徹底的な史料収集で事実解明のレベルを向上させた。

まず政治史の流れを精緻化させた。以下、時系列順の箇条書き風に細川説をまとめておく。

北条時宗期　蒙古襲来に対応するため未曾有《みぞう》の権力集中を果たした北条時宗の時代を、得宗専制の成立期とする。

弘安《こうあん》徳政期　弘安七年（一二八四）の時宗急死後、幼少の執権・貞時を擁した安達泰盛《あだちやすもり》が弘安徳政と呼ばれる改革を行う。弘安徳政は、先行研究では御家人側に立つ反得宗的な施策とされてきたが、細川は、時宗によって拡張された得宗の権力を安定・制度化するものと評価した。こののち、私邸での秘密会議であった寄合が制度化するなど、得宗が多少幼年であったり暗君であったりしても政治が運営されるようになるのである。

平頼綱政権期　泰盛は弘安八年（一二八五）の霜月騒動《しもつきそうどう》で早々に打倒され、御内人の平《たいらの》頼綱《よりつな》が政治の主導権を握る。

北条貞時親政期　成長した貞時は正応六年（一二九三）に頼綱を滅ぼし（平禅門《へいぜんもん》の乱）、積極的な政治運営に着手する。いわば貞時の親政期である。しかし、側近を使って有力一門を排除・抑圧しようとし逆に失敗した嘉元《かげん》三年（一三〇五）の嘉元の乱によって貞時の急進路線は頓挫《とんざ》し、貞時は政治の意欲を失い酒宴三昧《しゅえんざんまい》の半引退状態となった。

北条高時期　応長元年（一三一一）の貞時没後、幼少の嫡子《ちゃくし》・高時を周囲が補佐する体制が整えられるが、成人後も高時はリーダーシップを発揮せず、幕府滅亡時まで御内人の長崎円喜《ながさきえんき》と安達時顕《あだちときあき》が実質的に幕政を主導する状態が続いた。

以上の細川説の大きな意義は、かつては漠然と衰退期ないし専制体制と考えられてきた貞時・高時期の実態を解明し、いくつかの画期を設け時期ごとの違いを明確にした点にある。そして、得宗個人が独裁的権力を行使するのは必ずしも常態ではなく、得宗専制は寄合などの制度（システム）によって運営されているとした点も、画期的であった。

また、細川は、残された少ない史料をもとに、寄合衆や評定衆など幕府役職任免状況を復元し、どの氏族がどこまでの役職に昇れるかという家格秩序を見出し、要職を世襲・独占する御家人・御内人の階層の存在を指摘した。御家人は平等という建前が崩れ、得宗を頂点とするピラミッドが作られていたということである。この階層を、細川は**特権的支配層**と名づけている。前述したとおり、かつては、得宗勢力という私的な集団によって幕府がのっとられたという発想が強く、北条氏は出自の低い成り上がりものとされてきた。しかし細川は、鎌倉後期を幕府機構と得宗家（御内人や家の機関含む）の融合が進む段階ととらえ、得宗は将軍の後見として幕府の公的な部分を担い、一般の御家人からは隔絶《かくぜつ》する権威的存在となったとした。得宗は単なる簒奪者《さんだつしゃ》ではなかったのである。この視角は、近年、儀礼［桃崎二〇

一七、二〇一九〕や文書〔佐藤雄基二〇一八〕からも裏付けられている。なお、御内人も大半は御家人出身であることが共通認識となり、御家人勢力と御内人あるいは得宗家とを極端に対立的にとらえる見方も影をひそめた。

一方、鎌倉後期の北条氏一門の研究も進展した。重要なのは、北条氏一門は意外と一枚岩ではないことが解明された点である〔石関一九九四〕。特にこの点は、佐藤進一の得宗専制論の前提となっていたため、得宗専制論を見直す秋山哲雄《あきやまてつお》によって精力的に研究が進められた〔秋山二〇〇六〕。名越氏、極楽寺流《ごくらくじ》、金沢《かねさわ》氏など北条氏の有力一門は独自に所領を集積しており、得宗の完全な統制下にあったわけではなかった。北条氏一門による幕府高官への大量進出や守護職集積は、かならずしも得宗への権力集中を意味しないとされたのである（第三章も参照）。その後、得宗専制期の北条氏一門の個々のキャリアに着目した研究も出ている〔佐々木二〇一一、熊谷二〇一三、二〇一六〕。

また、有力一門である金沢氏によって残された「金沢文庫古文書《かなさわぶんこ》」の研究が進んだことも特筆される〔永井二〇〇三、二〇〇六〕。「金沢文庫古文書」には、一五代執権にあたる金沢《かねさわ》貞顕《さだあき》らの書状を裏紙に用いた聖教（仏教書）が大量に残存している。だが、元々の書状が年次を欠いていたり、製本に際して紙が切断されていたりするなど、そのままでは使いづらい史料群であった。しかし研究が進展したことで、金沢氏の周辺、あるいは貞顕が生きた高時期の政界の内情がくみ取れるようになってきたのである。先述の通り、高時は「太平記」などで暗君・暴君とされてきたが、その評価は多少修正され、政治への積極性を欠いた、病弱で優柔不断な貴公子であったと描き直されている［永井二〇〇九］。

以上により、幕府滅亡直前の嘉暦《かりやく》・元徳年間（一三二六―一三三二）の政局はかなり細かくわかってきた。北条高時の後継者をめぐり弟の泰家が出家に追い込まれた嘉暦の騒動［細川二〇〇〇、永井二〇〇六、福島二〇〇七、桃崎二〇一九］や、後醍醐の退位をはたらきかける持《じ》明院《みょういん》統や大覚寺《だいかくじ》統嫡流などが、幕府有力者内の分裂と結びついていた（第一章参照）ことなど、幕府内の細かな亀裂がかなり詳細に判明する。同時期には東北地方で安藤氏の乱が勃発し、幕府が大軍を派遣する大規模戦役に発展している［七海二〇一五］。このように、末期の鎌倉幕府にいたってはさすがに動揺が見えてきたとされる。

専制化は滅亡を説明できるか？

それでは、先述の諸研究は幕府滅亡の理由をどのように説明するのだろうか。

細川重男は、得宗専制に幕府滅亡の必然性を見出す視角を佐藤進一から継承している。得宗を中心とする特権的支配層が幕府を掌握《しょうあく》して都市領主となり、御家人＝在地領主を抑圧するようになったのが、滅亡の原因と主張している［細川二〇〇〇、二〇〇七、二〇一〇、二〇一二］。細川はこれを、本来労働者の国家として誕生したソヴィエト連邦が、ノーメンクラツーラという共産党エリート層によって支配されていく過程になぞらえている。本来は東国御家人のような武士の連合体だった幕府が変容してしまったことで滅亡に至る、という理解は、佐藤進一の図式を引き継いでいるといえよう。得宗専制が幕府滅亡を必然化させたという佐藤説を、さらに一歩前進させたといってよい。

だが一方、先述した研究動向のなかでは、得宗専制という枠組み自体が揺るがされている。前述したとおり、そもそもの佐藤進一の得宗専制論は、**「合議と専制」**という二項対立が前提にあった。しかし細川は得宗専制の内に寄合による合議制を見出している［細川二〇〇〇］。細川はこれを先制の一類型である**「システム型専制」**（個人ではなく制度によって支えられる専制）と名づけているが、それならば合議の典型とされる執権政治もまたシステム型専制として評価可能であり、あえて「専制」という語にこだわる必要はあるのかという批判が投げかけられている［秋山・細川二〇〇九］。得宗専制論を相対化しようとする秋山哲雄は、「専制」という語を避け、ニュートラルな**「得宗政権」**という語を用いている［秋山二〇〇六］。

問題は、佐藤説の根本にあった、執権政治期は武士たちによる武士のための政治が実現した黄金時代なのだという認識の当否にあるのではないか。つとに上横手雅敬《うわよこてまさたか》は、北条泰時《やすとき》の権力の不安定さを指摘し、合議政治はその弱さゆえのもので、執権政治とは将軍独裁と得宗専制のあいだにはさまれた過渡的な例外現象なのだと看破していた［上横手一九七五］。近年も新たな視点から同様の見解が出ている［佐藤雄基二〇二二］。さらに一歩進めて、得宗専制期を執権政治からの堕落ではなく、成熟の結果と再解釈することもできよう。たとえば、保《やす》永真則《ながまさのり》は、佐藤進一の三段階説にとらわれず、幕府の制度がだんだん成熟していき、個人主体から制度・規則へと幕府運営のやり方が合理化されていくという視点で鎌倉時代全体を見通している［保永二〇〇四］。裁判研究から出発した佐藤進一は、制度の移り変わりの背後に権力政治の動向を見出す方法で鎌倉幕府政治史を構築した。保永は、佐藤によって結合された制度史と政治史をふたたび分離させ、制度が自律的に発展することを重視したといえる。この視角を敷衍《ふえん》すれば、細川が指摘した「システム型専制」にも新たな位置づけが可能なのではないか。

得宗を頂点とする特権的支配層が都市領主化したため幕府は滅亡したという議論にしても、前提となっている在地領主（武士）のイメージが近年大きく変わっていることは見逃せない。

近年の武士研究の進展によって、武士は単なる田舎者ではなく、鎌倉期以前から地方と都市を往復し広範なネットワークの上に活動していることが分かった［伊藤二〇二二］。また、室町期の大名が任国ではなく基本的には都市（京都）に居住していることを高く評価する在京領主社会論も進展している（谷口雄太氏担当の第四章参照）。都市領主VS在地領主という図式は、これらの議論と比較して検討する余地がある。

このように、得宗専制論が相対化され、一概にマイナスの評価ばかりではなくなってくると、「専制化したから滅亡した」という従来の図式にも疑問が呈されてくる。得宗専制という現象に、幕府滅亡の必然性を見出すことが怪しくなってきたのである。少なくとも、貞時期の諸事象を滅亡という結果に性急に結びつけることには慎重になるべきである。

一方で、高時期を論じる場合は、滅亡に結びつけて語られることが多い。いわく、先例を過剰に偏重する硬直した政務運営に堕した［細川二〇〇〇］、官僚制が成熟しすぎて人事のみに執着するようになった［保永二〇〇四］、北条氏一門に適齢の人材が不足していた［桃崎二〇一九］などである。前述した高時期末期は内憂外患《ないゆうがいかん》の連続だったという指摘も踏まえれば、末期の鎌倉幕府は、現状維持的な政策で表面的には安定しつつも、うちには不穏な要素を抱え込み、大きな変化には耐えられなかった、という評価になろう［永井二〇〇九］。

しかしこれらも滅亡という結果から逆算された結果論という印象がぬぐえない。高時期の否定的な評価も、裏返してみると、トップの高時が多少平和ボケしていても幕府は滅亡の瞬間までそれなりにうまく回っていたという、政権の安定を示すものともいえる。文書発給や地方統治の面からいっても、滅亡時まで鎌倉幕府機構は正常に動き続けていた。筆者の目からは、室町幕府運営のほうがよっぽど崩壊しているように見える。末期の幕府が内憂外患に揺れていた点についても、過去には宝治合戦《ほうじかっせん》や霜月騒動のようなもっと大規模な内紛や、蒙古襲来という巨大な外部からの攻撃を幕府と得宗は乗り切ったのであるから、高時末期の不穏な要素がなぜ幕府滅亡に結びつくのか、さらなる一考を要しよう。

以上のように、得宗専制期、すなわち貞時・高時期の実態解明は近年非常に進展した。個々の画期やできごとが細かく意識されたことで、認識は一変したといってもいいだろう。しかし一方で、研究すればするほど末期の鎌倉幕府の盤石ぶりが明らかになり、「なぜ滅びたのか」という問いは難しさを増してしまったといえる。安定から一気に滅亡する点をどう説明するか――そこに一工夫が必要なのかもしれない。

滅亡は必然か、偶然か

本章では、得宗専制論の研究史から、「なぜ鎌倉幕府が滅亡したのか」という問いに先行研究がいかに答えてきたのかを概観した。結局、読者のみなさんには肩すかしかもしれないが、決定打といえるほどの原因は特定できない。滅亡の理由は「分からない」が現段階での結論だ、ともいわれるゆえんである［呉座二〇一四］。「わからない」というのはさすがに極論だとしても、幕府滅亡は偶然の産物であるという回答も十分ありうる。時計の針を正慶二年（一三三三）四月末に戻してみよう。もし名越高家が偶然戦死していなければ足利高氏の離反はなかったかもしれない。また分倍河原の戦いで新田軍に勝利していれば、東国だけで幕府が存続する目はあったように思う。切所《せっしょ》で連敗したのが滅亡の原因と考えれば、それはまさに偶然の産物といえよう。

むしろ、幕府滅亡の必然性を問うという姿勢自体に検討の目が向けられている。かつてはマルクス主義歴史学のように、体制の矛盾や崩壊の構造的原因を指摘すれば事足れりとされがちであったが、冷戦構造の解消とマルクス主義の知的ヘゲモニーの消失により、説明を要することが増えたのである。

思うに、同時代人にとっても鎌倉幕府滅亡は説明のつかない珍事であり、「太平記」など知は、現場にある。

光文社新書

佐藤進一『鎌倉幕府訴訟制度の研究』（岩波書店、一九九三、初出一九四三）
佐藤進一「初期封建社会の形成」（豊田武編『新日本史大系　第三巻　中世社会』朝倉書店、一九五四）
佐藤進一「鎌倉幕府政治の専制化について」（同『日本中世史論集』岩波書店、一九九〇、初出一九五五）
佐藤進一『日本の中世国家』（岩波文庫、二〇二〇、原刊一九八三）
佐藤雄基「文書史からみた鎌倉幕府と北条氏」（『日本史研究』六六七、二〇一八）
佐藤雄基「鎌倉幕府の《裁判》と中世国家・社会」（『歴史学研究』一〇〇七、二〇二一）
佐々木文昭「鎌倉幕府引付頭人小考」（北海道武蔵女子短期大学紀要（四三）、二〇一一）
永井晋『金沢貞顕』（吉川弘文館、二〇〇三）
永井晋『金沢北条氏の研究』（八木書店、二〇〇六）
永井晋『北条高時と金沢貞顕』（山川出版社、二〇〇九）
七海雅人「鎌倉幕府の滅亡と東北」（同『鎌倉幕府と東北』吉川弘文館、二〇一五）
福島金治「書評　永井晋著『金沢北条氏の研究』」（『史学雑誌』一一六（九）、二〇〇七）
古澤直人『鎌倉幕府と中世国家』（校倉書房、一九九一）
細川重男『鎌倉政権得宗専制論』（吉川弘文館、二〇〇〇）
細川重男『鎌倉北条氏の神話と歴史』（日本史史料研究会企画部、二〇〇七）
細川重男「摂津と京極」（阿部猛編『中世政治史の研究』日本史史料研究会企画部、二〇一〇）
細川重男『鎌倉幕府の滅亡』（吉川弘文館、二〇一一）

三浦周行『鎌倉時代史』（早稲田大学出版部、一九〇七）
村井章介「執権政治の変質」（同『中世の国家と在地社会』校倉書房、二〇〇五、初出一九八四）
村井章介「永仁の徳政令」（同『中世の国家と在地社会』校倉書房、二〇〇五、初出一九八五）
桃崎有一郎「北条氏権力の専制化と鎌倉幕府儀礼体系の再構築」（『学習院史学』五五、二〇一七）
桃崎有一郎「鎌倉末期の得宗家儀礼に見る長崎円喜・安達時顕政権の苦境」（『日本史研究』六八四、二〇一九）
保永真則「鎌倉幕府の官僚制化」（『日本史研究』五〇六、二〇〇四）

第六章 存続と滅亡をめぐる問い

【室町幕府の滅亡】

川口成人

一　問われてきた存続、問われてこなかった滅亡

なぜ存続しえたか、という問い

第五章で詳しく言及されたように、「鎌倉幕府の滅び方」、すなわち「鎌倉幕府がなぜ滅びたか」という問いは、日本中世史の研究上、重要なトピックスとして位置付けられてきた。かつては、蒙古襲来の恩賞問題や永仁《えいにん》の徳政令といった、鎌倉時代後期固有の社会情勢との関係が議論された。こうした見方が成り立たないことは第五章でも確認されたとおりである。だが、滅亡を読み解こうとする試みは、鎌倉幕府や朝廷の政治史を中心とし、現在に至るまで活発に続けられている。

ところが、「室町幕府はなぜ滅びたか」という点は、そもそも問題として、あまり立てられてこなかった。ここに、鎌倉幕府と室町幕府、あるいは鎌倉時代と室町時代の相違点が表れているようにも思われるが、これには理由がある。

やや遠回りになるが、この点を考えるために、中学校と高等学校の教科書記述を確認して

みよう。まず、中学校教科書の記述をみたい。応仁《おうにん》・文明《ぶんめい》の乱[*1]の後に、次の記述がある。

その後、戦乱は全国に広がり、各地の守護大名が領地の拡大のために戦ったり、家臣にたおされたりする下克上が強まったりして、室町幕府の勢力はおとろえました。室町時代後半の一〇〇年におよぶ戦乱の時代を、特に戦国時代といいます。

（『中学社会歴史的分野』日本文教出版、二〇二一年）

次に高等学校教科書の記述をみよう。

近畿地方ではなお室町幕府における主導権をめぐって、細川氏を中心とする内部の権力争いが続いていたが、他の地方では、みずからの力で領国（分国）をつくり上げ、独自の支配をおこなう地方権力が誕生した。これが戦国大名である。

（『改訂版　詳説日本史B』山川出版社、二〇二〇年）

細部は異なるが、応仁・文明の乱以降、室町幕府の勢力が衰え、守護大名や戦国大名が自らの実力によって各地で争う戦国時代に突入する、といったイメージを読み取れるのではないかと思う。

しかし、応仁・文明の乱が勃発したのは応仁元年（一四六七）であり、織田信長《おだのぶなが》によって一五代将軍足利義昭《あしかがよしあき》が追放され、室町幕府が滅亡したとされるのは元亀《げんき》四年（天正元年、一五七三）である。応仁・文明の乱の後、じつに一〇〇年余りにわたって室町幕府は存続している。最近でこそ、NHK大河ドラマ「麒麟がくる」（二〇二〇年）で、主人公明智光秀《あけちみつひで》の幕臣としての側面がクローズアップされ、一三代将軍足利義輝《よしてる》や義昭もスポットが当てられた。これに象徴されるように、この時期にも一般の注目が集まりつつある。だが、応仁・文明の乱から義輝・義昭に至る将軍や、信長登場以前の畿内地域に関しては、まだまだ影が薄い。たとえば、端的にいって、八代将軍足利義政《よしまさ》から義輝の間の将軍の名前ですら、今なお、あまり知られていないのではないだろうか。この時期の幕府や畿内地域の実態が解明されていない一九七〇年代～八〇年代半ばにおいては、「室町幕府はなぜ滅びたか」という問いは意味を持たなかったのである。

こうした状況下で、「戦国時代に弱体化したはずの室町幕府が、なぜ存続しえたのか」という点を追究したのが、第二章でも言及された今谷明《いまたにあきら》であった。今谷は、先行研究や史料

戦国時代の足利将軍家系図

※数字は就任の代数を示す

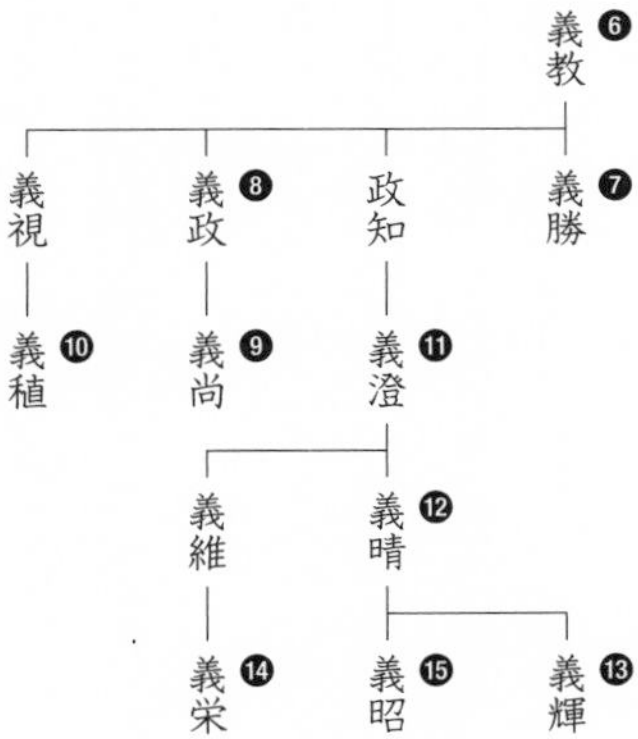

足利義輝像紙形
［京都市立芸術大学芸術資料館］

足利義晴像紙形
［京都市立芸術大学芸術資料館］

集が乏しい時代にあって、現在の水準からみても驚異的といえる史料の博捜《はくそう》によって、畿内で実権を握った支配者の動向を具体的に跡づけていった［今谷一九七五・一九八五］。さらに、室町〜戦国時代における畿内各地の守護支配機構の考証（誰が守護か、守護代かといった基礎的事項を、史料にもとづいて確定する作業）を同時並行して進めた。これによって、室町幕府の基盤となる畿内の支配の実態解明を試みていった［今谷一九八六］。

今谷の議論は多岐にわたるが、その中核にある**「京兆専制論《けいちょうせんせいろん》」**について、今谷の文章を引用して触れておこう。

> 軍事的には細川氏の畿内分国を主たる基盤に、支配組織は前代の幕府諸機関を縮小しながら継承し、官制上は将軍を最高位に擁立しながら実質的には細川氏家督（京兆家《けいちょうけ》）が幕府諸機関を総覧・指揮して統治する。［今谷一九八五］

この議論は、第五章で取り上げられた、鎌倉幕府の**「得宗専制論」**に着想を得ている。制度上は将軍をトップとしながら、実質的には、管領《かんれい》家の大名細川《ほそかわ》京兆家（当主は代々、右《う》京大夫《きょうのだいぶ》の官職を名乗ったため、その唐名「右京兆」または「京兆」と呼ばれた）が幕府の権力を掌握し、畿内近国を領国化して支配したとする議論である。今谷は、将軍に実権はほとんどなく、実質的には細川政権として幕府が存続したと考えたのである。

さらに今谷は、大永《たいえい》七年（一五二七）に一二代将軍足利義晴《よしはる》と細川高国《たかくに》を京都から敗走させた足利義維《よしつな》と細川晴元《はるもと》らを、「堺《さかい》幕府」として位置づけた。そして、晴元の有力被官《ひかん》*2だった三好長慶《みよしながよし》が幕府体制を克服していくという形で、織田信長上洛以前の畿内政治史を描いたのである。この議論は、先に挙げた高等学校の教科書記述にも一部反映されている。

今谷の一連の研究によって、戦国時代の室町幕府は、全国政権ではなく、細川氏の支配する畿内の地方政権として位置付けられたのである。

戦国時代の室町幕府研究は、この今谷の議論を起点として、その再検討や批判によって進展した。これにより、「室町幕府はなぜ滅びたか」ではなく、「戦国時代に室町幕府はなぜ存続しえたか」という点の解明が目指されることになったのである。

「なぜ存続しえたか」を越えて

今谷の議論が発表されたのは、一九七〇～八〇年代であった。それから約四〇年が経過した現在、戦国時代の室町幕府を研究対象とする研究者の数は増加し、研究分野として完全に定着した。

日本史学の研究者は、学会・研究会での研究報告→報告をもとにした研究論文の発表→複数の研究論文をまとめた専門書の刊行→これまでの成果を専門家以外に発信する概説書の刊行、というコースをとることが多い（すべてがそうではないが）。参考文献に引用したように、今谷の研究が専門書としてまとめられた一九八〇年代以降、戦国時代の室町幕府を対象とした論文は多く出されるようになった。それらの多くは、二〇〇〇〜二〇一〇年代に専門書としてまとめられている。

さらに近年では、山田康弘《やまだやすひろ》『戦国時代の足利将軍』（吉川弘文館、二〇一一年）や日本史史料研究会監修・山田康弘編『戦国期足利将軍研究の最前線』（山川出版社、二〇二〇年）といった、戦国時代の足利将軍・室町幕府を対象とした概説書も刊行された。戦国時代の室町幕府研究の活況を示すものといえよう。

これらの概説書では、先に紹介した教科書叙述や今谷説を、様々な観点から批判・再検討する。それにより、戦国時代の足利将軍は実権のない傀儡《かいらい》ではなく、列島社会に一定の影響力を有していたことを明らかにしている。そして、戦国時代を語る上で、室町幕府は無視できない重要な存在であったことを主張する。

実のところ、細かな論点はさておき、筆者は大枠でこうした主張に異論はない。そこで本章の第二節・第三節では、こうした成果に学びながら、戦国時代の室町幕府研究を整理する。

一方で、先に述べたように、「戦国時代に室町幕府はなぜ存続しえたか」という点は、様々な観点から明らかにされ、すでに概説書も刊行されている。よって、筆者が同様の主張を繰り返すだけでは不十分である。そこで、第四節では視点を変えて、戦国時代の畿内近国の地域権力研究を整理する。二〇〇〇年代以降に飛躍的に進展したこの分野は、戦国時代の室町幕府研究とも密接にかかわっており、重要だと考えるからである。さらに、第五節では、「戦国時代に室町幕府はなぜ存続しえたか」という設定自体の持つ問題点を指摘し、関係する最新の議論を紹介したい。これにより、今後の研究の展望につなげたいと思う。

二　存続を支えた人々

傀儡ではなかった将軍

最初に取り上げた今谷説は、戦国時代の室町幕府が、将軍を擁立《ようりつ》しつつも、実質的に細川氏による専制政権として存続するという見方を示していた。もう少し掘り下げてみておこう。

室町幕府の将軍権力を支える直臣団《じきしんだん》としては、細川氏・畠山《はたけやま》氏・斯波《しば》氏といった大名のほか、文筆官僚として訴訟・裁判などの業務を担当する奉行衆《ぶぎょうしゅう》と、軍事的基盤となる奉公衆《ほうこうしゅう》が存在していた。今谷は、将軍以下の幕府機構は縮小してしまい、奉行衆も細川氏の指揮を受けて活動していたとした。すなわち、これまでの幕府機構はほとんど実体を失っており、細川政権として幕府が存続したと考えられたのである。この議論は、一〇代将軍足利義稙《よしたね》が、将軍の座を追われた明応《めいおう》二年（一四九三）の政変（後述）によって、奉公衆の体制が解体してしまったという福田豊彦《ふくだとよひこ》の議論によっても補強された［福田一九九五］。

ところが、早く一九八〇年代に、設楽薫《したらかおる》が「「細川政権」とは別個に「幕府」は機能しており、将軍は将軍として独自の政治機構を持ちえた」という批判をおこなった［設楽一九八九］。これを受けて以後、大きく研究が進展した。具体的にみていこう。

まず、細川京兆家とは別個に機能する、将軍配下の政治機構の存在が明らかにされた。その側近集団は、将軍との個別的な関係に基づいて組織されている（設楽一九八九・一九九五、山田康弘二〇〇〇）。そして、こうした側近集団の補佐のもと、将軍は訴訟を中心とする政務運営をおこなっていたのである。

また、土地の売買や金銭貸借関係については、幕府の機関である政所《まんどころ》の執事《しつじ》（長官）伊《い》勢《せ》氏によって主宰されていた。さらに、洛中の治安維持や警察を担う侍所《さむらいどころ》、同じく洛中の土地や家屋をつかさどる地方《ぢかた》といった機関も、室町時代から変容しつつ、細川氏とは別個に存続していたことが指摘された［山田康弘二〇〇〇、木下昌規二〇一四］。こうした幕府機関で、具体的に訴訟業務を担当し、公家・寺社との交渉にあたる奉行人の動向も、政治過程と関連させて明らかになってきている［佐藤二〇一九］。このような機関が、細川氏とは別個に機能することで、幕府の本拠地である京都を中心とした支配がおこなわれていたのである。

一方、将軍の軍事的基盤となる奉公衆については、特に二〇〇〇～一〇年代になって研究が大きく進展した。室町時代に比べれば縮小したものの、再編されながら、戦国期にも存続していたことが明らかになった［西島二〇〇六・二〇一一、木下聡二〇一八］。

さらに、将軍の妻たちや、将軍に仕える女房といった女性の活動にも検討が及んでいる。妻については、足利義政の正室日野富子《ひのとみこ》をはじめとして、政治への関与が指摘されていた（最新の研究として［田端二〇二一］）。近年では、一二代将軍義晴の正室慶寿院《けいじゅいん》の動向やその実家近衛家との関係が注目されている［湯川二〇〇五、黒嶋二〇一二、小谷量子二〇一六］。女房についても、訴訟への関与をはじめとしてその活動に蓄積があったが、最近では義晴・義輝・義昭の女房衆を中心に、政治史へのかかわりが具体的に明らかにされてきている［木下昌規二〇二〇ａ・二〇二一ａ］。

こうした側近集団や奉行衆・奉公衆・女房衆の活動は、京都の支配だけにとどまるものではなかった。後述するように、戦国時代の将軍は、戦国大名をはじめとする地域権力に栄典を授与したり、地域権力同士の紛争に介入したりするなど、列島各地に影響力を行使していた。この地域権力との交渉や命令伝達は、将軍側近によって担われていたのである［山田康弘二〇〇三ａ・浜口二〇一三など］。

以上みたように、将軍独自の政治機構が、細川氏をはじめとする大名権力とは別個に存在し、機能していたことが明らかにされた。戦国時代の室町幕府は将軍を中核とする政治勢力として存続していた。よって、幕府が細川氏による専制政権として存続したという見方は、成り立たなくなっているのである。

幕府を支える大名たち

戦国時代の室町幕府を支えたのは、側近集団たちだけではない。かつて将軍から実権を奪ったとされてきた**「大名《たいめい》」**たちもまた、室町幕府を支える存在として位置付けし直された。

応仁・文明の乱以前、管領家である細川氏・斯波氏・畠山氏をはじめとする、多くの大名たちは在京しており、京都で将軍とともに幕府政治に関与していた。ところが、応仁・文明の乱、明応の政変を経て、細川京兆家を除く多くの大名たちが地方の分国へ下向していく。一方、細川京兆家は、摂津《せっつ》や丹波《たんば》といった畿内に分国を持つこともあって、恒常的な在京を続けた数少ない大名であり、幕府政治や幕府儀礼への参加を継続していた。軍事力を有し、京都近郊にも影響力を持っていた細川京兆家に依存する側面は強かったのである［末柄一九九二、浜口二〇一四］。とはいえ、細川氏も将軍を傀儡にしたわけではない。また細川京兆家が、訴訟に個別的に介入することはみられたが、将軍独自の政治機構が自立的に機能していたのは先述したとおりである。

さらに、将軍も、細川京兆家だけに依存するのではなく、他の大名たちを上洛させて幕政に関与させたり、後述するような栄典を与えるなどして優遇したりすることで、複数の大名による体制を構築しようとしていた［山田康弘二〇一一］。例えば、一一代将軍足利義澄《よしずみ》は、細川京兆家の政元以外に、若狭《わかさ》国の大名である武田元信《たけだもとのぶ》を重用し、自らの基盤として位置付けていた。また、義澄の後に再任を果たした一〇代将軍足利義稙《よしたね》の政権下では、細川高国のほか、周防から上洛した大内義興《おおうちよしおき》、河内から上洛した畠山尚順《はたけやまひさのぶ》・稙長《たねなが》、能登《のと》から上洛した畠山義元《よしもと》といった諸大名が連合して幕政を運営していた［萩原二〇一一］。

先に挙げた地域権力との交渉においては、細川氏のほか、義稙期には大内義興《よしおき》、一二代将軍義晴期には六角定頼《ろっかくさだより》といった大名が、将軍とともに文書を発給して大きく関与した［山田康弘二〇一一、浜口二〇一三・二〇一四、西島二〇〇六、村井二〇一九］。こうした交渉では、大名と将軍側近が連携しながら交渉にあたっていた。大名は時に将軍と対立・緊張することもあったが、一方で幕府を支える存在でもあったのである。

さらに、将軍を支えて、幕府政治を補完する大名の延長線上に、一五代将軍足利義昭期における織田信長を含める見解も出されている［山田康弘二〇〇八、水野二〇二〇］。織田信長といえば、従来の戦国大名とは異なる革新的な性格が強調されてきた。しかし近年ではそうした革新性を見直し、ほかの戦国大名との比較のなかで位置づける議論が進んでいる［戦国史研究会編二〇一一など］。信長と義昭については、戦国時代の室町幕府の研究というより、信長研究のなかで発展しており、多くの研究や概説書が出されている。よって、本章ではこれ以上掘り下げることはしないが、幕府を支える大名として信長を捉える見方は、近年の革新性を相対化した信長研究とも親和的である。

以上、近年に至る戦国時代の室町幕府研究のうち、その権力基盤に関する議論について整理した。それではこうした基盤を有した室町幕府は、戦国時代の列島社会において、いかなる位置にあったのか。節を改めて、近年の研究成果をみていきたい。

三　戦国日本のなかの将軍・幕府

「二人の将軍」の戦争

今谷説では、**明応の政変**によって「京兆専制」が確立するとされている。この事件は、戦国時代の始点としても評価され、近年では概説書でも重視されている［大薮二〇二一a］。ただし、中学校の教科書にも掲載される応仁・文明の乱に比べると、知名度が劣るかもしれない。応仁・文明の乱から明応の政変までの過程も複雑だが、ここでは必要な点に絞って説明を加えておこう。

応仁・文明の乱は、東軍の足利義政によって、西軍諸将を赦免する形で終結した。そして、終結に前後して、大名たちは地方へ下向していった。そのなかで、幕府の配下につくことなく、河内国で独自に支配を進めたのが畠山義就《よしなり》である。近江六角氏の討伐途中で足利義尚《よしひさ》が没すると、かつて西軍の頂点にあり、乱後は美濃国にいた足利義視《よしみ》・義稙親子が上洛し、義稙が将軍家の後継者となる。そして、義政・義視《ひろ》も没し、義稙が一〇代将軍に就任する。

明応二年（一四九三）、河内《かわち》国で幕府に対抗していた畠山基家《もといえ》（義就の子）を討伐するべく、将軍義稙は、基家と対立する畠山政長《まさなが》をはじめとする大軍を率いて、河内国へ出陣した。ところが、義稙の留守を狙って、京都で細川京兆家の当主政元が新たな将軍として足利義澄（足利義政の兄弟である堀越公方《ほりごえくぼう》足利政知《まさとも》の遺児）を擁立したのである。この事件により、義稙は将軍を廃されてしまう。今谷は、細川京兆家の当主が現任の将軍を廃したこの事件によって、「京兆専制」が確立したとする。

明応の政変が戦国時代や室町幕府を考える上で一大事件であることは疑いないが、以後の研究でその位置付けは大きく変化した。

画期となったのは、家永遵嗣《いえながじゅんじ》の研究である。明応の政変が細川政元に加えて、義政の正室日野富子、幕府直臣団の有力者である伊勢貞宗《いせさだむね》の連携によって実行されたことは、早く指摘があった［飯倉一九七四］。これに加えて家永は、明応の政変が同年の伊勢盛時《もりとき》（幕府奉公衆。宗瑞《そうずい》、北条早雲《ほうじょうそううん》として知られる）による堀越公方足利茶々丸《ちゃちゃまる》（義澄異母兄）攻撃と連動していたことを指摘した［家永一九九五］。明応の政変は、畿内だけにとどまるものではなく、同族である伊勢貞宗と伊勢盛時の連携によって、東国の政治史とも連動していたのである。さらに、明応の政変によって、細川政元が有利な地位を占めたわけではなく、京都を脱出して北陸や西国へ流浪《るろう》した将軍義稙と義稙を擁立する勢力の提携関係が生じたことを論じている［家永一九九七・二〇〇四］。

応仁・文明の乱が、義政と義視という**「二人の将軍」**を擁する東西二つの幕府を出現させていたことは、じつは早くから指摘があった［百瀬一九七六］[*3]。明応の政変によって、この構図が再生産されたのである。家永の研究によって、京都の将軍と地方に流浪した将軍という「二人の将軍」が大名に擁立され、列島各地の地域権力と連携しながら、全国的な戦乱が連動していく様相が明らかにされた。すなわち、明応の政変は畿内政権としての「京兆専制」の確立を示す事件ではなく、「二人の将軍」を擁立して中央と地方が争う構図を生み出した、全国的な画期性を持つ事件として評価されるに至ったのである。

このことは、バラバラに展開しているようにみえた戦国時代の各地の政治史が、「二人の将軍」の動向やそれに伴う提携関係に規定されていたことを示している。以後、各地の政治史研究はこうした「二人の将軍」の戦争を意識しながら大きく進展した［萩原二〇一一、黒嶋二〇一四など］。さらに、ここでは十分に触れることができないが、各地の戦国大名研究でもこうした視点が意識されるに至っている。

「二人の将軍」という視点は、一九九〇年代以降、戦国時代の室町研究と並行して飛躍的な進展を遂げた、日明・日朝関係史にも導入され、新たな成果を生み出した。橋本雄《はしもとゆう》は、分裂した将軍権力の保持した外交権（日明勘合・日朝牙符《がふ》の保持）をめぐる、大内氏や大友氏といった西国の地域権力と将軍の政治的な駆け引きの様相を明らかにし、外交権が地域権力へ切り売りされていったことを指摘した［橋本二〇〇五］。国内政治史だけでなく、対外関係史にも、戦国時代の室町幕府研究は大きな影響を与えたのである。

戦国時代の将軍は義澄―義晴―義輝・義昭と続く義澄系統と、義稙―義維―義栄《よしひで》と続く義稙系統の二つに分かれていく。いつまで「二人の将軍」の構図が重要な位置にあったのか、という点は諸説ある〔家永二〇〇四、小谷二〇〇五、萩原二〇一一など〕。少なくとも一五一〇年代の義澄―義稙、義晴―義稙の時期については、その規定性を認めてよいだろう。また今谷が「堺幕府」として論じた一五二〇年代後半～一五三〇年代前半の義晴―義維の時期についても、「二人の将軍」の位置が、擁立した細川氏や細川氏の被官たちの自立的な動向から、精緻に明らかにされつつある〔馬部二〇一八、木下昌規二〇二〇〕。

以後の時期も、細川氏や三好氏、織田氏といった畿内の大名たちが、一時的に将軍と対立することはあっても、恒常的に将軍を擁立しないということはなかった。完全に将軍不要の政治体制が確立したのは、一般に室町幕府の滅亡とされる、天正元年（一五七三）の信長による義昭追放まで待たねばならない。しかし、西国の戦国大名毛利輝元《もうりてるもと》のもとに移った義昭は、なお一定の影響力を保持した。この点の評価は分かれるが〔藤田二〇一〇、木下昌規二〇一四、水野二〇二〇など〕、将軍の持つ価値が、最後まで容易に代替できないものだったことを示している。

列島社会を統合する将軍・幕府

政治史において将軍・幕府が重要な位置にあり、容易に代替できない価値を有していたことに触れた。このことからも示唆されるように、戦国時代において、将軍・幕府は天皇とともに列島社会を統合する存在だったことが明らかになってきている。

こうした議論に先鞭を付けたのは、今岡典和《いまおかのりかず》・川岡勉《かわおかつとむ》・矢田俊文《やたとしふみ》である。彼らは、戦国時代の室町幕府や守護を中世国家史に位置付けるべく、第四章でも触れた**「室町幕府―守護体制論」**を提示した［今岡・川岡・矢田一九八五］。

特に今岡は、幕府が諸大名に課する国役《くにやく》が一六世紀前半まで実体を有していたことを指摘し、「室町幕府―守護体制」は戦国時代にも変質しつつ存続していたとした［今岡一九八五］。また、川岡は中央の幕府と地方の権力の関係の連動を重視する立場から、戦国時代は「室町幕府―守護体制」の変質・解体過程として理解されるべきと主張した［川岡二〇〇二・二〇〇九］。この室町幕府―守護体制論をめぐる議論については、室町時代に関して本書の第四章でも言及されている。戦国時代においても、これを「体制」と呼べるほどの実態を備えたものか、という点をめぐり議論があった［家永一九九七］。ただし、この室町幕府―守護体制論をめぐる議論を起点として、戦国時代の列島社会が、将軍・幕府の存在によって、一定の秩序を有する緩やかな統合のもとにあったということは、論者の立場を越えて共有されつつあるように思われる。

こうした列島社会における統合を考える上で、重視されてきたのが将軍による栄典・格式の授与である。早く二木謙一《ふたきけんいち》は、将軍が各地の戦国大名たちに自らの名前の一字を与える偏《へん》諱《き》（義晴→武田晴信《たけだはるのぶ》〈信玄〉、義輝→上杉輝虎《うえすぎてるとら》〈謙信〉など）や特権的な身分表象、幕府役職（家格）の授与といった事例を検討し、戦国時代の列島社会における将軍権威の存在を指摘した［二木一九八五］。これを受けて、一九九〇年代以降、官位や守護職、書札礼《しょさつれい》（文書の様式に関する作法・規定）をはじめとする、将軍から授与された様々な栄典・格式などについて、飛躍的に研究が進展した［木下聡二〇一一・二〇一八、山田貴司二〇一五、小久保二〇二一など］。これらの研究は、事例の網羅性や実証水準の高さもさることながら、政治史における将軍・幕府の動向に加えて、栄典・格式を授与される戦国大名たちの思惑や政治情勢を踏まえて、議論が組み立てられている点に特徴がある。

また、戦国時代には各地で戦国大名たちによる抗争が展開したが、将軍はこうした地域紛争を調停し停戦命令を出していた。このこと自体は早くから指摘があり、今谷も言及していた［今谷一九八五・二〇〇〇］。近年では、その後の戦国大名研究の進展を踏まえて、改めて紛争調停や停戦命令が具体的な政治過程のなかで位置づけ直されている。たとえば、足利義輝による奥州の伊達《だて》稙宗《たねむね》・晴宗《はるむね》親子の抗争や、中国地方の毛利氏・尼子氏といった戦争において、将軍の停戦命令の実効性と限界が指摘されている［黒嶋二〇一二・二〇二〇など］。

以上、本節では、戦国時代の列島社会における室町幕府の位置に関する研究を概観した。戦国時代の室町幕府は、畿内の一地方政権ではなく、各地に影響力を持つ存在であり、列島社会を緩やかに統合する核としての機能を持っていたことが明らかになったのである。

四　幕府を左右した畿内近国の実力者たち——細川・畠山・六角・三好

飛躍的に進展した畿内近国の地域権力研究

これまでの二節では、戦国時代の室町幕府研究についてみてきた。ここで視点を変えて、戦国時代における畿内近国の地域権力研究を取り上げたい。

本章冒頭で挙げた今谷の議論は、細川氏・三好氏に関する先駆的な研究という側面も持ち合わせていた。それまで研究の乏しかった、戦国時代の畿内近国における地域権力研究の起点にもなったのである。そして、二〇〇〇～二〇一〇年代にかけて、畿内近国の地域権力研究は格段に厚みを増した。ここでは、戦国時代の室町幕府を考える上でも不可欠な存在である、細川氏・畠山氏・六角氏・三好氏を取り上げて、代表的な研究を概観しておきたい。

①細川氏

細川氏は、**「京兆専制論」**で中心的に取り上げられたこともあり、早くから研究が進められた。末柄豊《すえがらゆたか》は、細川京兆家に加えて細川一族全体の動向を考察し、応仁・文明の乱後に細川京兆家が一族への影響力を失い、幕府から相対的に独立した地域支配を志向した権力となったことを論じた［末柄一九九二］。また古野貢《ふるのみつぎ》は、「室町幕府―守護体制」論を重視する立場から、細川氏の権力構造を捉え直した［古野二〇〇八］。浜口誠至《はまぐちせいじ》は、細川京兆家の幕府儀礼への関与や京兆家の奉行人の文書発給に注目して、幕政を補完・代行する在京大名としての性格を明らかにした［浜口二〇一四］。

近年最大の成果は、馬部隆弘《ばべたかひろ》の一連の研究である［馬部二〇一八］。戦国時代には将軍家と同じく京兆家も分裂し抗争を繰り広げていくが、従来の研究は京都の将軍を擁立した側の動向が中心だった。そのため、敵対した側の動向は部分的なものにとどまり、全体的な構造は不明瞭だった。馬部は京兆家当主と、その配下で活動した内衆たちに関する史料を網羅的に収集して、驚異的ともいえる精緻な分析を加えた。これにより、京兆家の権力構造の長期的な変化を解明するとともに、分裂した細川京兆家の対立構造を描き出し、そこから三好長慶が台頭していく道筋をも展望したのである。さらに、京都の荘園領主や京都近郊の地域社会との関係を意識した議論を展開している点も重要である。馬部は著書刊行後も、細川権力論の成果を踏まえた三好権力論の再検討を次々と発表し、さらに足利義昭期の幕府や六角氏にも検討を広げており、今後の動向が注目される［馬部二〇二一ａｂｃ］。

②畠山氏

畠山氏は、**「京兆専制論」**においては、細川氏に従属した存在として軽視されてきた。だが、小谷利明《こたにとしあき》と弓倉弘年《ゆみくらひろとし》の研究によって、大きく議論が進展した。

小谷は、今谷の議論が、政治史のレベルでは軍記『細川両家記』に依拠していること、また南近畿の諸勢力に関する議論が欠けていることを批判する。そして、畠山氏の基盤となった河内国を中心とする地域社会や、畿内で大きな影響力を持った一向一揆《いっこういっき》をはじめとする宗教勢力の動向を視野に収めつつ、畠山氏の権力構造を明らかにした。さらに、室町幕府を含めた、畿内の広域的な政治史の展開に、紀伊・河内を中心とする畠山氏の動向を位置づけている［小谷二〇〇三・二〇〇四・二〇〇五］。

弓倉は、紀伊を中心とする畠山氏の分国支配を丁寧に論証した。さらに、畠山氏の動向と幕府政治の関係を連動させた議論をおこなっている。弓倉の議論は、室町期から戦国・織《しょく》豊《ほう》期に及ぶ長期的な視点で考察を加えた点にも特徴がある［弓倉二〇〇六］。

最近では、小谷・弓倉ともに、応仁・文明の乱前後の政治史で重要な役割を果たした畠山義就の動向について、改めて検討を進めている点も注目される［小谷二〇一四・二〇一九、弓倉二〇一七］。また紀伊国内の畠山氏の拠点に注目して政治史と城郭史の架橋を試みる新谷《しんや》和之《かずゆき》の研究［新谷二〇一七］や、幕府研究の一環として畠山氏の一門に注目した筆者の研究もある［川口二〇二〇］。

③六角氏

六角氏については、幕府との関係や分国法「六角氏式目」の意義、多くの史料が残る惣村や寺社との関係が注目されてきた。奥村徹也《おくむらてつや》・西島太郎《にしじまたろう》は、一六世紀中葉の足利義晴政権ににおける、六角定頼の幕政関与の具体的様相を明らかにした［奥村一九九三、西島二〇〇六］。定頼は自身の本拠である近江《おうみ》国に在国したまま幕政に関与した点に特徴がある。西島は、同時期の幕政を、義晴によって創出された側近集団「内談衆」と六角定頼を中核とし、山城《やましろ》国以下の京兆家勢力圏においては、細川晴元によって補完される体制と評価する。そして、京兆家の主導を離れて幕政機能の充実が模索されたとしている。

近年では村井祐樹《むらいゆうき》と新谷和之の研究が重要である。村井は六角氏関係の文書を集成した『戦国遺文　佐々木六角氏編』（東京堂出版、二〇〇九年）を編纂して、史料環境の整備をはかるとともに、六角氏の家臣団編成を中心に権力構造と分国支配を解明した。京都に近い近江国では、戦国時代においても幕府の規定性が重視されてきたが、村井はこれを否定し、幕府に依存しない独立した権力であることを主張した［村井二〇一二］。さらに、最近刊行された六角定頼の伝記では、近江国外の他大名との交渉や京都における相論への強い影響力を明らかにしており、定頼は「従来の室町的秩序の中において最高権力者となった」と評価している［村井二〇一九］。

一方、新谷は室町幕府との関係にも目を配りつつ、近江国の地域社会の検討に立脚して、その権力構造を明らかにしている。特に、本拠である観音寺城《かんのんじじょう》の空間構造と政治機能を結びつけた議論を展開している点に特徴がある［新谷二〇一八］。

④三好氏

今谷によって先鞭がつけられた三好氏研究は、二〇〇〇年代に入って天野忠幸《あまのただゆき》が次々と論考を発表し、飛躍的な進展を遂げた。天野は、一六世紀における畿内の社会変動、特に成熟した畿内の村落・都市共同体やその支配を重視する立場から、三好氏の権力編成や地域支配を論じた。特に、堺をはじめとする大阪湾沿岸の港湾都市や、その内部で影響力を有した法華宗《ほっけしゅう》寺院・豪商との関係を重視する点に特徴がある。さらに、対立した足利義輝を近江に追ったのち、足利将軍家を擁立しない京都・畿内支配をおこなおうとした点や、幕府の裁許に対抗して破棄した点、通例では将軍と天皇の合意によっておこなわれる年号改元が三好氏の要請によってなされ、義輝が無視されていたことなどを取り上げて、三好氏が足利将軍と幕府の権力秩序を相対化したと評価した。

このような畿内社会における都市・流通政策の重視と、室町幕府・足利将軍の克服という動向から、天野は三好長慶による支配を**「三好政権」**として位置づけた。そして、三好政権は、織田政権につながる「プレ統一政権」だったと評価する[*4]［天野二〇一五］。天野は『戦国

遺文　三好氏編』（東京堂出版、二〇一三〜二〇一五）を編纂して、史料環境の向上に努めた点も特筆される。これを基盤にして、三好氏研究に取り組む研究者も徐々に増えつつある。

幕府研究との連動

以上、細川・畠山・六角・三好を取り上げて、近年の畿内地域権力研究を概観した。ここで挙げたのは、その研究の一面に過ぎず、多岐にわたる論点が提出されていることを断っておきたい。また、これら以外にも播磨《はりま》赤松・但馬《たじま》山名・若狭武田・尾張《おわり》斯波・越前《えちぜん》朝倉・美濃《みの》土岐《とき》など諸権力の研究も多い。一向一揆・法華一揆といった宗教一揆および、その母体となった寺社勢力の研究も盛んである。

最近の研究動向で注目されるのは、畿内地域権力研究と室町幕府の研究がリンクして、議論が活発化している点である。

たとえば、天野忠幸が論じた、三好長慶による足利将軍・室町幕府の相対化という論点については、幕府・将軍研究の立場から木下昌規《きのしたまさき》・山田康弘が批判的な見解を提示しており、活発な論争が予想される〔木下昌規二〇一八、山田康弘二〇一八〕。

また、最近刊行された木下昌規による足利義晴・義輝の伝記では、細川・三好・六角を中心とした畿内近国の諸勢力と義晴の関係をバランスよく論じている。先述した馬部や天野、村井らによる研究を、将軍・幕府研究の立場から統合した成果といえる［木下昌規二〇二〇a・二〇二二］。木下の研究は、個々の将軍側近や女房衆の動向と戦国大名権力との関係に着目して、義晴・義輝期の政治史を再考しようとしている点が注目される。

さらに、同じく最近刊行された天野忠幸による畿内戦国史の通史も、同様に幕府・地域権力研究を横断的に論じたものであり、最新の成果が反映されている。地域社会や宗教勢力との関係を重視する天野のスタンスもよく表れており、こちらも重要である［天野二〇二〇］。

戦国時代の室町幕府研究と並行して、畿内地域権力研究も飛躍的な進展を果たした。そして両者をリンクさせた研究が生み出されつつある。戦国時代の室町幕府研究は、新たな段階へと向かっているのかもしれない。

五　さらなる研究の進展へ向けて

「なぜ滅びたか」を問う

本章冒頭で述べたように、戦国時代の室町幕府研究は「なぜ滅びたか」ではなく、「なぜ存続しえたか」という問題設定から始まった。ただし、この設定自体には二つの問題が潜んでおり、見直していく必要がある。

まず、ここまで述べてきたように、様々な面から「なぜ存続しえたか」という点を明らかにすることが試みられてきた。ところが、「なぜ存続しえたか」について、様々な面から明らかにし、その点を強調すればするほど、「なぜ滅びたか」という点の説明の不在が際立つことになる。しかし「なぜ滅びたか」は、織田信長やそれに先立つ三好長慶による将軍・幕府の相対化という議論を除いては、ほとんど議論されてこなかった。

近年、この問題について、刺激的な議論を展開したのが谷口雄太《たにぐちゆうた》である。谷口は南北朝末期に形成された、足利氏を頂点として足利一門を上位とする秩序意識・価値観を**「足利的秩**

序」と名付けた。そして、列島各地の武家が「足利的秩序」を共有していた様相を明らかにしている。この価値観の共有（「共通価値」）こそが、戦国時代の室町幕府・足利将軍の存続理由であったと評価する。

谷口は、この「足利的秩序」の解体に注目し、幕府が「なぜ滅びたか」という問題に迫っている。谷口によれば、戦国時代に実力を失っていた足利氏は、その対応策として、実力者を儀礼的に優遇し、足利一門という血統的秩序の漸次《ぜんじ》解体を推進した。具体的には、従来足利一門に限定されていた御相伴衆《ごしょうばんしゅう》・御供衆《おともしゅう》といった栄典や、奥州探題・九州探題といった足利一門が独占してきた地方の要職（当時は実権こそなかったが）を陸奥伊達《むつだて》氏・豊後《ぶんご》大友氏といった実力者に与えていった。すなわち、足利一門という血統から、実力主義への転換をおこなったのである。この「上からの改革」により、足利将軍を頂点とする「足利的秩序」が相対化され、戦国時代の将軍を支えていた「共通価値」が失われた。そして、三好氏や織田氏といった存在の登場に至ったとする［谷口二〇一三・二〇一九・二〇二二］。

この谷口の議論を受けて、戦国時代の室町幕府・足利将軍研究で多くの論考を発表してきた山田康弘も、「なぜ滅びたか」について論じた。山田は自説を総括しつつ、足利将軍存続の要因として、**「利益」「力」「価値」**の三要素を提示した。戦国大名たちは、①将軍と連携することで生じる様々な利益を期待して将軍と積極的に関係を有していた（**利益**）。②将軍を中心とする大名間外交に基づく圧力によって強制され、将軍を受け入れた（**力**）、③将軍を尊崇すべしという戦国時代の社会で共有されていた価値観によって将軍を受け入れることをうながされた（**価値**）。この三つの要素によって足利将軍は存続していたのだという。

山田は、軍事力のある織田・豊臣政権が登場し、戦国時代の将軍が生み出していた「力」や「利益」が失われていったとする。さらに、信長・秀吉が足利将軍を特別視する価値観を改変・破壊していくことで「価値」も解消され、足利将軍の生命力は断たれたと指摘する［山田二〇一八］。

谷口とそれを受けた山田の研究は、「価値観」という新たな視点を持ち込んで、「なぜ滅びたか」を解こうとする点に特色がある。戦国時代の社会を覆う「価値観」の問題を、具体的に論証していくのは史料的に難しい面もある。だが、このような視点を念頭において、従来の研究や既知の史料を読みなおすことで、新たな成果が生まれる可能性もあるだろう。実際、早くも天野忠幸・木下昌規は、とくに谷口のいう「上からの改革」という指摘を取り入れて、足利将軍と三好氏の関係を中心に、具体的な政治史の過程を再構築している［天野二〇二一、木下昌規二〇二一］。

戦国時代の室町幕府が「なぜ存続しえたか」に比べると「なぜ滅びたか」は新しい議論である。もちろん、第五章でみた鎌倉幕府の滅亡をめぐる議論のように、滅亡の要因は単一のものではなく、必然・偶然様々な要素が絡み合ったものと考えられる。それらを解きほぐし、一つ一つ丁寧に再検討していくことで、戦国時代の幕府、ひいては戦国時代の社会を捉え直す手がかりが得られるのではないだろうか。

室町から戦国へ

「戦国時代に室町幕府はなぜ存続しえたか」という設定の持つもう一つの問題点は、「戦国時代の室町幕府」を対象とすることが自明とされ、それ以前の室町幕府研究との断絶がみられていることである。もちろん、長期的なスパンに立った研究も少なくないが、総じていえば、同時期に進展したこともあってか、室町時代の幕府研究が参照されることは稀である。

しかし、応仁・文明の乱や明応の政変といった事件があったとはいえ、室町時代の幕府が解体され、ゼロから戦国時代の室町幕府がスタートしたわけではない。考察の前提として、室町時代の幕府研究を視野に入れる必要もあるのではないか。

たとえば、本章では戦国時代の室町幕府を支えた大名・将軍側近・奉公衆・奉行衆について触れてきた。これらは、いずれも室町時代から存在する。近年では、こうした将軍権力を支える基盤がいかに形成され、どのように変化していったのかということを明らかにし、その上で、戦国時代の室町幕府を展望した研究も登場している［山田徹二〇一〇、吉田二〇一〇、西島二〇一一、木下聡二〇一八］。

また、戦国時代に台頭する三好氏も、細川氏の被官を出自とする。細川氏の配下に限らず、戦国時代には大名被官が権力として台頭していく（赤松氏被官浦上《うらがみ》氏、斯波氏被官朝倉氏・織田氏など）。室町時代の大名のもとでの被官層の活動を明らかにすることは、戦国時代の台頭の背景をさぐることにもつながるだろう［川口二〇一八・二〇二二］。

さらに、第四章で論じられたような、室町時代の首都京都の政治的・社会的な重要性が、戦国時代の具体的な政治過程のなかで、どのように変容したか、という点も注目すべきだろう。とくに、戦国時代の足利将軍がたびたび京都を離れたことや、六角氏・三好氏・織田氏のように、幕府政治にかかわりながらも在京を志向しない権力が登場していくことは、大きな変化といえる。この点は政治史研究の成果を活かしつつ、従来からも蓄積のある都市史や社会経済史のなかで位置づけ、長期的なスパンのなかで追究していく余地が残されている［仁木二〇一九など］。

戦国時代の室町幕府研究は、直接の基盤である京都や畿内に加えて、全国におよぶ影響力を発見してきた。すなわち、空間的な広がりに目を向けることで、大きく進展したといえる。同様に、室町時代・戦国時代という枠組みに固定的にとらわれることなく、検討の時期を広げていくことで、新たな視野が開けていくのではないだろうか。

以上、本章では戦国時代の室町幕府研究が、「なぜ滅びたか」ではなく「なぜ存続しえたか」という視点からスタートし、その権力基盤や列島社会での位置を中心として様々な面から明らかにされたことをみた。合わせて、同時期に進展した畿内近国の地域権力研究と室町幕府研究がリンクし、新たな成果を生み出しつつあることにも触れた。さらに、意識されてこなかった「なぜ滅びたか」という点も議論されつつあることや、室町時代の幕府研究との接続が課題になることに言及した。

もっとも、本章で言及できなかった分野は少なくない。例えば、戦国時代の天皇・朝廷の動向や、都市・村落をはじめとする社会構造の変化に関しては、多くの成果があり、室町幕府を考える上でも重要な論点となるだろう。

本章で主に取り上げた、戦国時代の室町幕府・畿内の地域権力研究は、盛んな戦国時代研究のなかでも、現在もっとも熱い分野といって過言ではない。個々の人物の動向から、存続・滅亡の要因といった大きな論点まで、日進月歩《にっしんげっぽ》で新たな議論が提出されている。研究によって更新されていく歴史像と歴史学の魅力を、リアルタイムで体感できる分野といえるかもしれない。本章がわずかなりともその魅力を伝えることができたならば幸いである。

＊1 [呉座二〇一六]のヒットなどもあり、「応仁の乱」という呼称が根強いが、近年は「応仁・文明の乱」という呼称が増えてきている。ここでは、文明年間に地方が主戦場となることから、乱の全国的な争乱としての性格を重視して「応仁・文明の乱」という呼称を適切とした[大薮二〇二一b]に同意し、「応仁・文明の乱」に統一している。

＊2 「家臣」という用語は、中世史料にほとんど見いだせず、語義が確定されていないという指摘[西島二〇〇七]を踏まえ、ここでは史料にみえる「被官」とした。

＊3 西軍には将軍義視以下、管領・政所執事が設置されており、奉行衆・奉公衆もいたことから、百瀬今朝雄は西幕府と呼称した。この点は以後の研究にも継承されている。

＊4 「三好政権」「織田政権」「プレ統一政権」といった議論については、前後の細川権力研究・織田権力研究の進展とともに、異論も提出されている[馬部二〇一八など]。

参考文献

天野忠幸『増補版　戦国期三好政権の研究』（清文堂出版、二〇一五）
天野忠幸『列島の戦国史四　室町幕府分裂と畿内近国の胎動』（吉川弘文館、二〇二〇）
天野忠幸『三好一族』（中公新書、二〇二一）
飯倉晴武「応仁の乱以降における室町幕府の性格」（『日本中世の政治と史料』吉川弘文館、二〇〇三、初出一九七五）
家永遵嗣『室町幕府将軍権力の研究』（東京大学日本史学研究室、一九九五）
家永遵嗣「将軍権力と大名との関係を見る視点」（『歴史評論』五七二、一九九七）
家永遵嗣「北陸地方における戦国状況の形成」（『加能史料研究』一六、二〇〇四）
今岡典和「幕府―守護体制の変質過程」（『史林』六八―四、一九八五）
今岡典和・川岡勉・矢田俊文「戦国期研究の課題と展望」（久留島典子・榎原雅治編『展望日本歴史一一　室町の社会』東京堂出版、二〇〇六、初出一九八五）
今谷明『戦国期の室町幕府』（講談社学術文庫、二〇〇六、初出一九七五）
今谷明『室町幕府解体過程の研究』（岩波書店、一九八五）
今谷明『守護領国支配機構の研究』（法政大学出版局、一九八六）

今谷明『室町時代政治史論』（塙書房、二〇〇〇）
大薮海『列島の戦国史二　応仁・文明の乱と明応の政変』（吉川弘文館、二〇二一a）
大薮海「「応仁の乱」か「応仁・文明の乱」か」（『本郷』一五四、二〇二一b）
奥村徹也「天文期の室町幕府と六角定頼」（米原正義先生古希記念論文集刊行会編『戦国織豊期の政治と文化』続群書類従完成会、一九九三）
川岡勉『室町幕府と守護権力』（吉川弘文館、二〇〇二）
川岡勉「室町幕府―守護体制の変質・解体と戦国期社会」（『歴史科学』一九八、二〇〇九）
川口成人「大名被官と室町社会」（『ヒストリア』二七一、二〇一八）
川口成人「畠山政近の動向と畠山中務少輔家の展開」（『年報中世史研究』四五、二〇二〇）
川口成人「室町期の大名被官と都鄙の文化的活動」（芳澤元編『室町文化の座標軸』勉誠出版、二〇二一）
木下聡『中世武家官位の研究』（吉川弘文館、二〇一一）
木下聡『室町幕府の外様衆と奉公衆』（同成社、二〇一八）
木下昌規『戦国期足利将軍家の権力構造』（岩田書院、二〇一四）
木下昌規「足利義輝政権の研究」（同編『足利義輝』戎光祥出版、二〇一八）
木下昌規「足利義輝期幕府女房衆と永禄の変」（『国史学』二三〇、二〇二〇a）
木下昌規『足利義晴と畿内動乱』（戎光祥出版、二〇二〇b）
木下昌規「戦国期の室町幕府女房衆」（『歴史評論』八五〇、二〇二一a）

木下昌規『足利義輝と三好一族』（戎光祥出版、二〇二一b）
黒嶋敏『中世の権力と列島』（高志書院、二〇一二）
黒嶋敏「室町幕府と遠国・境界」（川岡勉編『中世の西国と東国』戎光祥出版、二〇一四）
黒嶋敏『天下人と二人の将軍』（平凡社、二〇二〇）
小久保嘉紀『室町・戦国期儀礼秩序の研究』（臨川書店、二〇二一）
小谷利明『畿内戦国期守護と地域社会』（清文堂出版、二〇〇三）
小谷利明「畠山稙長の動向」（矢田俊文編『戦国期の権力と文書』高志書院、二〇〇四）
小谷利明「畿内戦国期守護と室町幕府」（『日本史研究』五一〇、二〇〇五）
小谷利明「河内嶽山合戦の構造」（萩原三雄・中井均編『中世城館の考古学』高志書院、二〇一四）
小谷利明「畠山義就と女房衆」（『八尾市立歴史民俗資料館報・研究紀要』三一、二〇二〇）
小谷量子「上杉本洛中洛外図屏風注文者　近衛氏の生涯」（『日本女子大学大学院文学研究科紀要』二三、二〇一六）
呉座勇一『応仁の乱』（中公新書、二〇一六）
佐藤稜介「戦国期における幕府奉行人家の分裂」（『古文書研究』八八号、二〇一九）
設楽薫「足利義尚政権考」（『史学雑誌』九八—二、一九八九年）
設楽薫「将軍足利義晴の政務決裁と「内談衆」」（『年報中世史研究』二〇、一九九五）
新谷和之「紀伊国における守護拠点の形成と展開」（小谷利明・弓倉弘年編『南近畿の戦国時代』戎光祥出

版、二〇一七）
新谷和之『戦国期六角氏権力と地域社会』（思文閣出版、二〇一八）
末柄豊「細川氏の同族連合体制の解体と畿内領国化」（石井進編『中世の法と政治』吉川弘文館、一九九二）
戦国史研究会編『織田権力の領域支配』（岩田書院、二〇一一）
谷口雄太「足利一門再考」（『中世足利氏の血統と権威』吉川弘文館、二〇一九年、初出は二〇一三）
谷口雄太『中世足利氏の血統と権威』（吉川弘文館、二〇一九）
谷口雄太『〈武家の王〉足利氏』（吉川弘文館、二〇二一）
田端泰子『日野富子』（ミネルヴァ書房、二〇二一）
仁木宏「戦国京都都市論」（『歴史評論』八三〇、二〇一九）
西島太郎『戦国期室町幕府と在地領主』（八木書店、二〇〇六）
西島太郎「中世後期の在地領主研究」（中世後期研究会編『室町・戦国期研究を読みなおす』思文閣出版、二〇〇七）
西島太郎「室町幕府奉公方と将軍家」（『日本史研究』五八三号、二〇一一）
萩原大輔「足利義尹政権考」（『ヒストリア』二二九号、二〇一一）
橋本雄『中世日本の国際関係』（吉川弘文館、二〇〇五）
浜口誠至「足利義稙後期の幕府政治と御内書・副状」（四国中世史研究会・戦国史研究会編『四国と戦国世界』岩田書院、二〇一三）

浜口誠至『在京大名細川京兆家の政治史的研究』（思文閣出版、二〇一四）
馬部隆弘『戦国期細川権力の研究』（吉川弘文館、二〇一八）
馬部隆弘「天文十七年の細川邸御成と江口合戦」（『年報中世史研究』四六、二〇二一a）
馬部隆弘「足利義昭の奉公衆と城普請」（『織豊期研究』二三、二〇二一b）
馬部隆弘「六角定頼の対京都外交とその展開」（『日本史研究』七一〇、二〇二一c）
福田豊彦『室町幕府と国人一揆』（吉川弘文館、一九九五）
藤田達生「「鞆幕府」論」（『芸備地方史研究』二六八・二六九、二〇一〇）
二木謙一『中世武家儀礼の研究』（吉川弘文館、一九八五）
古野貢『中世後期細川氏の権力構造』（吉川弘文館、二〇〇八）
水野嶺『戦国末期の足利将軍権力』（吉川弘文館、二〇二〇）
村井祐樹『戦国大名佐々木六角氏の基礎研究』（思文閣出版、二〇一二）
村井祐樹『六角定頼』（ミネルヴァ書房、二〇一九）
百瀬今朝雄「応仁・文明の乱」（朝尾直弘ほか編『岩波講座日本歴史七中世三』岩波書店、一九七六）
山田貴司『中世後期武家官位論』（戎光祥出版、二〇一五）
山田徹「室町領主社会の形成と武家勢力」（『ヒストリア』二二三、二〇一〇）
山田康弘『戦国期室町幕府と将軍』（吉川弘文館、二〇〇〇）
山田康弘「戦国期における将軍と大名」（木下昌規編著『足利義晴』戎光祥出版、二〇一七、初出二〇〇三

a）
山田康弘「戦国期大名間外交と将軍」（木下昌規編著『足利義晴』戎光祥出版、二〇一七、初出二〇〇三b）
山田康弘「戦国期幕府奉行人奉書と信長朱印状」（久野雅司編著『足利義昭』戎光祥出版、二〇一五、初出二〇〇八）
山田康弘『戦国時代の足利将軍』（吉川弘文館、二〇一一）
山田康弘「戦国期足利将軍存続の諸要因」（『日本史研究』六七二、二〇一八）
山田康弘編『戦国期足利将軍研究の最前線』（山川出版社、二〇二〇）
湯川敏治『戦国期公家社会と荘園経済』（続群書類従完成会、二〇〇五）
弓倉弘年『中世後期畿内近国守護の研究』（清文堂出版、二〇〇六）
弓倉弘年「河内王国の問題点」（小谷利明・弓倉弘年編『南近畿の戦国時代』戎光祥出版、二〇一七）
吉田賢司『室町幕府軍制の構造と展開』（吉川弘文館、二〇一〇）

座談会

鎌倉幕府と室町幕府はどちらが強かったのか？

山田徹、谷口雄太、木下竜馬、川口成人

本書に通底する問題意識

――研究上の室町時代ブームをいったん整理する、次いで鎌倉時代と比較検討するというコンセプトでスタートした本書の企画ですが、紙幅の都合上、本編で書ききれなかった部分もあろうかと思います。本日は、いわば一冊の締めとして執筆者のみなさんにお集まりいただきました。談論風発、自由に議論していただければ幸いです。まずは改めて自己紹介からお願いできますでしょうか。

木下　木下です。室町専門のお三方のスパーリング相手をやらせていただきました。鎌倉時代のパートである一、三、五章を担当しています。専門は鎌倉幕府の裁判や、「御成敗式目」などの法律です。

山田　山田徹です。今回は第二章の朝廷・公家社会関係のところを担当しましたが、普段は室町幕府や守護などの研究をやっています。また、とくに南北朝時代については、具体的な政治過程の研究も進めています。

谷口　谷口です。室町時代の地方支配を扱う第四章を担当しました。が、守護論や権力論は私の中心的なテーマではなく、本来は南北朝〜戦国時代における足利氏・足利一門の持つ権威の話をメインに研究しています。

川口　川口です。今回は戦国時代の室町幕府を扱った第六章を担当しました。本来は室町時代の中央と地方の関係がメインテーマで、大名やその配下の人物の動きに注目して研究を進めています。また、最近では和歌や連歌《れんが》、五山《ござん》文学などの文芸とその史料に関心があります。

――ありがとうございます。まず木下先生からうかがいます。みなさん書かれたテーマもご専門も違うのに、響き合うものがあると読後の印象でおっしゃっていたのが印象的でした。本書一冊のテーマにも関わってくると思いますので、その点からお話をお聞かせください。

木下　室町のお三方の原稿や、鎌倉幕府の研究を改めて読んでみて、近年の研究特有のモードがあると感じました。ポイントは二つあると考えていまして、一つは権力や政治の見方として、対立ではなく協調、強制ではなく合意、意図的ではなく状況依存的といった側面を重視するようになってきたということ。もう一つは、谷口さんの第四章でキーワードとして示された「都鄙《とひ》関係」。京都という都市の存在感が相当に強いことをちゃんと認識して、そのうえで地方を考えるというのは、山田さんはじめ、谷口さんも川口さんも論じていらっしゃる。この二点が、近年の研究における大きな共通の視点であるように思いました。

山田　私も木下さんが第一章で書かれた内容は、室町時代研究にも当てはまる部分が多いと考えています。武家以外の勢力がどのように幕府の権力を求め、利用していったかということですね。幕府が主体的に振る舞うというより、そうした「受け身の幕府」像のような議論が、一九九〇年代以降のトレンドだったのかなと改めて思いました。

私の担当した第二章では、貴族社会から幕府への働きかけについて取り上げました。近年の研究では、当時の人たち自身の視点が重視されていて、彼らがどのような感覚や論理を持っていたのか、どのような状況に直面していたのかをしっかり踏まえたうえで、具体的な動向を説明していこうとする傾向があると思っています。

具体的には、足利義満《よしみつ》が朝廷に入っていくところが典型例ですね。危機的状況を強烈に意識しながら、義満の力を引き込むことで公家社会の復興をめざしていた二条良基《にじょうよしもと》という人の動きが評価されています。

ただ、良基の主体性を評価するあまり、義満は良基の思惑に従ったにすぎない、といわれることもあるようですが、そこまで行くとやっぱり極端ですよね。義満が準備されたレールの上に乗りながら好き勝手やっているような面も当然ありますから。木下さんの第一章を読んで、そんなことを考えました。

木下　中心的な主体と見られていたほうは無計画で、やられている側と見られていたほうは意外とビジョンがあるみたいな話ですよね。まさに従来の研究が相対化されていると感じますが、行き過ぎると本当に権力を持っていた人間が誰なのかというのがわかりにくくなってしまうと思います。それに、権力を持っている側を過度に弁護してしまうようなことにもなりかねない。山田さんの第二章にもあったように、義満の行動原理を、当時の公家社会の常識で埋めていってある程度説明することはできる。しかし、それでも埋められない部分があるというのがたぶん山田さんのおっしゃりたかったことですよね。

山田　政権内外のことを知るうえで当時の人たちの書いた日記が重要なのですが、足利将軍本人のものは残っておらず、周りの人たちのものが残っているわけです。そのため、そのような周辺の人たちの考え方はわかるんですが、そこだけを基軸に組み立ててしまうと、偏ってしまう……。たとえば、将軍を彼らにとってただ便利なお神輿みたいなものとして描いてしまうような面は、たしかにあるように思います。

木下　最高権力者の意図というのが史料上から露骨に出てくるケースって少ないですよね。「足利義満日記」などがあるわけじゃないですし。だから、文献に書いてある以上のことに踏み込まない禁欲的な手法のみだと、権力者の意図というのが実証しにくいので、なかったことになってしまいがちな気がするんですね。ただ、やっぱりそれだけではちょっと物足りない。実証主義史学のある意味の袋小路なのかもしれませんね。

——この二〇年にそうした権力観を考えるうえでの大きな転換が生じたのには、何か理由があるのでしょうか？

木下　月並みではありますが、冷戦構造の崩壊やマルクス主義の影響力低下が大きいのでしょう。これまでは、武家VS公家といった対立構造、すなわち古い階級が新しい階級を打倒していくといった階級闘争史観が根っこにあったと思うのですけど、その図式がなくなってみると、今まで見落とされてきた歴史上の細かい動きが目に入ってきたということなのかなと私はみています。

谷口　私もマルクス主義的歴史観の崩壊というのは大きかったと思いますね。その流れにつけ加えると、この本でやっているような、ある時代の「全体」を論じていこうという視点も近年の研究の根っこにあると感じています。部分や各地域だけだとか、二項対立的な見方だけではなく、日本全体を見通すうえでは、たとえば京都を中心にして全国を見ていくと、案外理解しやすい。これは、個別の地域権力の研究だけでは見えてこなかったところだと思います。地域の研究がかなり緻密に進んだことで、今度はそうした個々の研究を総合して、全体を考えられるようになってきた。鎌倉だけではなく、室町や戦国でもこの点は一緒ですね。

――本編で驚かされたことの一つに、鎌倉時代という呼称自体がそもそも検討に値するという問いかけがありました。

木下　鎌倉時代という呼称を変えなきゃいけないとまでは私は考えていませんが（笑）、日本の歴史時代の区分は、基本的にいまは政権所在地の名前をつけていますよね。奈良の平城京だから奈良時代。平安京だから平安時代。幕府が京都の室町にあったから室町時代と。すると鎌倉時代の場合、鎌倉が首都にあったのだと誤解されるのは、ちょっとまずいと思うんですね。この時代も京都が首都であったことは明確な事実であって、首都から離れた鎌倉に、もう一つの極ができたことが重要なのかなと思います。

その点では「鎌倉時代」と分けること自体が妥当なのかという議論もありえます。平安時代の終盤は院政時代と呼ばれていますが、じつは鎌倉初期の後鳥羽《ごとば》上皇の時代まで、すなわち承久《じようきゆう》の乱までは続いているとみていい。鎌倉幕府が始まったからといってすぐに京都の支配力が失われたわけではありませんし、承久の乱を経ても公家政権は残ります。この点は一般的な歴史理解とはズレがあるところだとは思います。

――命名したことによって逆に見えなくなってしまうものがあるというか、規定されてしまうものがあると……？

木下　名前がなんのために必要かというと、物事をよく認識するためです。ないとやはり不便ですから。ただ時代を区分して名づけてしまうことによって逆に変な縄張り意識のようなものも生まれてしまう。日本史の場合、自分は鎌倉時代研究者だから鎌倉時代しか見ないとか、中世史研究者は中世だけ、近世史研究者は近世だけといった感じで閉じこもってしまうことになりかねないわけです。時代区分というのは便宜上なされたものであるということは常々認識したほうがいいかなとは思っています。

――それも今回の本に通底する歴史を理解するうえでのみなさん共通の問題意識ですよね。

木下　川口さんの第六章じゃないかな。戦国の人は戦国しか見なくて、室町のほうは見なかったりするという問題を指摘していたのは。

川口　戦国時代の幕府研究は、今谷明《いまたにあきら》さんの議論を引き継いで「戦国時代に弱体化したはずの幕府がなぜ存続しえたか」という問題設定からスタートしています。そうすると、必然的に弱体化したとされる時期より後から、議論がはじまるわけです。けれど、木下さんが述べられたように、時代区分は現代の研究者による便宜的なものです。だから、戦国期の室町幕府といっても、ゼロからスタートしたわけではない以上、前代と何が一緒で何が違うのかということは意識しなければならない。当たり前のことですが、結局は連続性を考えたうえで時代をどう考えていくかというのが求められるということですね。これは、室町時代を研究している自分に対して、自戒の意味を込めて言っています。

谷口　昔はそこまでではなかったと思いますけど、今はどんどん専門が細分化しているので。室町時代だと、まず時期的に南北朝期、室町期、戦国期で大きく分かれて、そこからさらに地域的・テーマ的に細かく枝分かれして……というような感じですかね。

「京都」の存在感

――谷口先生の第四章では、徳川幕府の江戸のように、京都の将軍の周りに守護が暮らしていたということが示されていました。

谷口　私は山田さんやみなさんの先行研究を整理しただけですが、日本という国の構造がかなりそうした中央集権的に出来上がっていた事実・側面はあると思います。近代はもちろん、江戸時代などもおそらくその典型例で、多くの大名や武士が江戸に集まって、そこで政治や文化が花開く。武士たちにとっても、むしろ在国より在江戸のほうが好ましかったりもする。

まさに現代とも繋がるような話です。

中世というと、従来は分権的な社会というイメージが強く、地方が主役だ、と言われやすかったと思われますが、首都である京都への集住を前提に、ある種統合的なイメージで全国支配を見てみると、現代にまで繋がってくるような日本史の一側面を打ち出せる気がしますし、中世のイメージそれ自体もまた大きく変わってくるように思いますね。

山田　二〇〇三〜二〇〇四年くらいにそうした議論がすごく進んだんですよね。守護職を持つような有力者たちがみんな中央にいて、京都に富が集まる構造になっていると。参勤交代の場合だと大名にも地元で過ごす期間と中央で過ごす期間の双方がありますが、室町時代の場合だと、守護は基本的にずっと京都にいるわけです。

その一方で、それが必ずしも全国的ではないということがもう一つの論点です。谷口さんが第四章で強調してくださっていると思うのですけれど、たとえば遠くの九州の守護は京都にはいない。東国も別枠で、地域差がある点が大事なのかなと思っています。個人的には、単純な中央集権か地方分権かみたいな二項対立の話に落とし込むのではなくて、それぞれの地域で両方の側面がどのように表れてくるのか、そのあたりの地域性のようなものに興味があります。

川口　少しだけ補足しますと、幕府の全国支配を俯瞰《ふかん》したとき、きっちり制度的にやろうとしている部分と、そうではない部分があると考えています。たとえば、幕府と遠国地域の権力の関係をみたとき、京都では大名や将軍の側近が取次役をして交渉を担当しますが、これは「〜奉行」のような明文化された役職ではないんですね。地方でも、幕府が制度的に強く押さえようとする志向性はほとんどない。全体として幕府の全国支配には、構造的なゆるさが感じられます。それでもなぜか不思議と破綻《はたん》せず、幕府・将軍による列島社会の緩やかな統合が続いている。このあたりに室町時代のおもしろさがあるんじゃないかなと私は思っています。

木下　室町幕府には、地方社会をコントロールしようという発想があまりないですよね。京都市中がうまくいっていればいい、という感覚なのでは。地方でバタバタ人が死んでもそんなに動じないみたいなところがあると思うんですね。その意味では、じつは鎌倉幕府というのは室町幕府に比べて全国支配がある意味では強かった面があるんじゃないかと思うんです。遠隔地の守護や御家人への統制も強い。あと、奥州と蝦夷地、あるいは南九州と南島といった日本と外との境界地帯を、直接掌握しようとする傾向もありますね。

一方で、別の見方をすると、中央と地方のつながりは室町の方が密接に見えます。反乱が起きたときに鎌倉と室町では違いが出ますよね。中央での殺し合い、地方での殺し合いがすぐに相互に波及する。室町時代の守護は、京都の政界で権力闘争に敗れたら屋敷を焼いて地方に帰るというのが定番になっている。一方の鎌倉時代は、鎌倉で兵を挙げて、それでだめだったら一族郎党そのまま滅んでしまう。宝治合戦《ほうじかっせん》や霜月騒動《しもつきそうどう》のような鎌倉内の抗争は、あまり地方と密着しない。当事者が地方に下って粘ったりしないから、鎌倉幕府の内乱というのは一日か二日で終結するわけです。応仁の乱に典型的なように、室町幕府内の抗争がだらだらと何年も続くのとは対照的ですね。

滅亡の理由を証明する難しさ

――ちょうど抗争についての話題が出てきましたので、第五章、第六章の「滅亡」に関する議論をうかがいたいのですが、両章に共通するのが、なぜ滅亡したのかという問いそのものを考えるところから始まっている点でした。

木下　政治体制の衰退や滅亡は、一つの理由だけで片付けられるものではないということでしょうか。しかも研究が進んで実態がわかってきたので、説明しなくてはいけないことが増えているんだと思いますね。

実際、鎌倉幕府の機構は、最後の最後までけっこう機能していたと私は考えています。最盛期とは言えないまでも、安定期に突然滅びてしまった感がある。

——当時の人にとっても唐突かつ不思議な事態だったから、わかりやすく北条高時の暗愚《あんぐ》さを原因にせざるを得ない面があったということでしょうか？

木下　中国史だと、王朝が変わるときには、暗愚な皇帝や権臣、宦官《かんがん》の暴政があって、大規模な農民反乱が起きるというパターンが決まっていますよね。たぶん「太平記」もそうしたストーリーに影響を受けて鎌倉幕府の滅亡を語っているんですけれど、それはなぜ滅びたのかがよくわからないことの裏返しという気がしますね。

——一方の室町幕府のほうは、「だらだらと」滅亡せずに存続してしまった。

川口　応仁・文明の乱のような大乱の後も幕府は存続していて、織田信長が足利義昭《よしあき》を追放するまで一〇〇年ぐらいあります。先にも述べましたが、これに対して、今谷明さんは「室町幕府はなぜ存続しえたか」という問いを立てた。その後、今谷さんの議論を批判したり、再検討したりして、幕府や将軍の権力基盤や列島社会での位置付けを考えてきたわけです。これまでの研究は、幕府が「だらだらと」滅亡しなかったのではなく、「しぶとく」生き残った、ということを明らかにしてきたということになるでしょうか。

一方、第六章の後半でも触れましたが、「なぜ滅亡したか」については、これまで正面から取り上げられてこなかった。谷口さんが二〇一〇年代前半に「足利的秩序」と「上からの改革」を切り口に議論を開始し、それに対する応答が二〇一〇年代末から現在にかけて出始めている状況です。「なぜ存続しえたか」と比較すると新しい議論ですね。

——山田先生は、室町幕府はなぜ滅亡したのかというテーマに関してはいかがですか?

山田　いま川口さんにおっしゃっていただいた通り、まさに現在進行形で議論が進みつつあるテーマなので、今後どうなっていくんだろうと思いながら見ているところですね。もちろんこれまでにも川岡勉《かわおかつとむ》さんたちの戦国期守護論のように、室町と戦国の連続性を評価する説はあったわけですが、最近谷口さんが少し異質な議論を提起しておられるようにみえています。そのようなこれまでの議論とどんなふうに接続するのか、それとも接続しないのかなど、気になる論点がいくつかあるのですが、そのあたりも含めて谷口さん、いろいろとお話しいただけませんでしょうか。

谷口　川岡さんにしても、幕府権力は存続していた、根強いものがあったと書いているわけですが、ではそれなのにどうして幕府は滅んだか、ここが知りたいと思ったわけです。存続していたのは分かったので、だったら滅亡もちゃんと説明しないといけない。ただ、これは鎌倉幕府の滅亡の論点と関わってくる話ですが、果たして滅亡というのは本当に合理的に説明しつくすことができるものなのかどうか。偶然性や個々の状況などに大きく左右される部分もあったのではないかと思うんです。

しかしその一方で、もちろん当時の現実を合理的に説明する必要はあります。歴史学はやっぱり因果関係で説明していく学問ですから、原因があってこういう結果が出た、という流れは示さなくてはいけない。けれども、それだけで全てが説明できるわけではないと思うわけです。第五章の木下さんのところでいえば、足利尊氏謀反の理由ですね。そして、彼や新《にっ》田義貞《たよしさだ》の勝利という未来が当時決定・確定していたわけでもない。当時の人々も、現代の私たちと同じように、未来が見通せないなかで動いていたはずです。山田さん、そのあたり、どう思われますか？

山田　とりあえず、因果関係で説明しづらい偶然性の話ということでよいでしょうか。

歴史学の一般的な話になりますが、「滅亡」のような事件史的な問題をどう説明づけていくかということでいえば、前提となる社会や制度の構造的な要因がどんなものであったかという点と、直接的なきっかけが何だったのかという点の違いを、まず意識しておく必要がありますね。

　そのうち、構造的な前提条件の問題に関していえば、ある程度までは趨勢《すうせい》を論理的に説明することが可能でしょう。一方、何が直接的な契機となったのかという点については、個別的・偶然的な要素にかなり左右されます。このあたりの難しさというのが、第五章で木下さんが書かれ、いま谷口さんがおっしゃられたことと関わるのでしょう。

　構造的な前提条件を押さえながら、何が直接的なきっかけになるのかを見極めていくということになりますが、なかなか難しいですね。もちろん、個別的・偶然的要素についても、いろんな個別勢力の動向など、ある程度実証的に説明できる部分もあるわけですから、これが完全に「わからない」領域に属するというわけでもありません。当時の人たちの視点に立って考えるという立場から、彼らに何が見えていたのかを追究することも、徹底して進めていくほうがいいでしょう。事件をめぐる当事者の意図などを完全に復元することは難しいとしても、そのような作業を積み重ねながら、可能な限り論理的に説明づけていこうとすることはやはり大事だと考えています。

鎌倉幕府と室町幕府の強さとは？

——残りの時間は、鎌倉幕府と室町幕府はどちらが強かったのかといった、ざっくりとした比較論をうかがいたいと思います。

山田　ではすみませんが引き続き私が。「強さ」の面が一番シンプルに出るのが、私が第二章で担当した対朝廷関係のところだと思います。室町幕府の最盛期の話ですが、そこは比較的はっきりと室町のほうが強いのではないでしょうか。もちろん鎌倉幕府も皇位継承に関わっているし、影響力はあるんですが、室町のほうがより直接的に朝廷に食い込んでいたり、公家社会の関係者を従わせていたりというのが明らかですので。

一方、さっき木下さんのご発言もありましたが、私も全国支配という意味では鎌倉幕府のほうががんばっている印象を持っています。川口さんのおっしゃるとおり、室町幕府って、遠国まで含めて全国を押さえるような制度づくりにあまり熱心でないんですよね……。鎌倉幕府には、全国の御家人に順番に内裏の警固をさせる大番役という制度がありますが、室町幕府のほうを研究していると、そういう全国的な制度が機能すること自体がすごいことのように思えてきます。もちろん、前提となる社会が違うのですが。

――たとえば軍事的な強さの点から見ると、いかがでしょうか？

木下　蒙古襲来のときの鎌倉幕府はかなり頑張ったと思いますね。モンゴル軍を二度撃退したあとも、組織的に御家人を動員して沿岸の防備を固める制度を真面目にずっと運用していました。山田さんがおっしゃった、大番役の応用です。蒙古襲来が一〇〇年遅れて室町時代に起きていたら、室町幕府ははたして対処できたのか疑問なんですけれど（笑）。

川口　そうですね。印象に過ぎませんが、室町幕府の軍隊が強かったか弱かったかと言われると、どちらかといえば弱かったんじゃないかと思います。たとえば京都やその近くの荘園で土一揆や徳政一揆が発生したときに大名の軍隊が派遣されるわけですけど、わりと負けたりしています。そのあたりの史料を読んだときの印象が強いからかもしれませんが。

もちろん、幕府の軍事力が機能している場面も少なくありません。応仁・文明の乱前後で幕府に反抗した畠山義就《はたけやまよしなり》《ひろ》なども、特に最初の方は幕府軍に負けていたりしますしね。

――軍事的に強くなかったのにズルズルと存続していたのも不思議ですね。

谷口　事実レベルで見たとき、鎌倉幕府は一五〇年、室町幕府は結果として二五〇年続いたことからいくと、室町幕府の「しなやかさ」は評価してもいいのかなと。なんだかんだいっても徳川幕府と同じくらいの長さは続いていますので。しかも足利将軍家自体もずっと変わらずにいますし。たとえ力はなくても、それこそ権威・価値はありましたからね。

先ほど、室町時代に蒙古襲来があったらどうなっていたかという問いが出ましたが、けっこうおもしろいテーマだと思うんですが、鎌倉幕府の方も三回目の蒙古襲来は想定していましたよね。いつぐらいまで対応していましたっけ？

木下　実際には一三〇〇年前後でモンゴル側は日本を服従させることをあきらめてしまい、現実的な脅威は減るんですが、少なくとも鎌倉幕府滅亡まではずっと警備体制を続けていましたね。

なお、ここで鎌倉幕府がモンゴルに勝ったというのは、やっぱり近代の日本にとってはすごく重要な意味を持つんですね。皇国史観のなかで、朝廷が政治を主導していない中世はイレギュラーな時代となるんですが、鎌倉幕府は評価が高いんですね。それは蒙古襲来を撃退した鎌倉武士こそが国難を救ったのだから、というのが大きいと思うんですよ。

それに対して皇国史観のなかでは室町時代が最悪の一番つまらない時代となるんですよね。

——足利尊氏は逆賊とされていましたものね。

木下　逆賊ですし、人々の理想の道義もすたれて、一番しょうもない、つまらん、みたいに平泉澄《ひらいずみきよし》は言っているんですよ（『物語日本史　中』）。でも逆にそうだからこそ、見方を変えれば一番おもしろい時代なんじゃないかという気はしますけどね。

――いままさにお話に出ましたが、その後の研究のなかで取り上げられたのは鎌倉時代のほうが多いということになるのでしょうか？

木下　日本中世史のなかでは、鎌倉時代の研究のほうが先行してきたと思うんです。やっぱり鎌倉幕府の基本史料である「吾妻鏡《あずまかがみ》」はみんな読みますから。徳川家康も「吾妻鏡」をかなり愛好していたんですよね。将軍として幕府を開いた人間として、初の武家政権である鎌倉幕府や源頼朝が手本だったんだと思います。「御成敗式目」もすごく知名度が高くて、江戸時代には大量に出版されています。

そもそも鎌倉武士という言葉はありますけど、室町武士とはあまり言わないじゃないですか。文化以外で、室町時代を代表するようなイメージはそもそも乏しかったと思うんです。それが最近になってなんだか盛り上がってきたのはなんでかって話なんですが、そこは室町専門のお三方にぜひ（笑）。

川口　研究面では、鎌倉と江戸が先に圧倒的に早く進んでしまったので、そうするとそのアナロジーで室町幕府を考える、みたいな感じになってしまった事実はあると思います。そうすると実態から離れて鎌倉と比較して、あるいは江戸と比較してという軸でしか考えられなくなった。

というわけで、どうしても一般の方が知っている江戸時代の幕府はこうだったとか、鎌倉の幕府はこうだった。それに比べて室町は……というふうになりがちです。そうではなく、室町時代が独自にどうだったのか、ということを考えるようになったのは、じつはごくごく最近の話だということは改めて確認しておきたいですね。

山田　もちろん研究自体はずっとあったわけですが、いま川口さんが慎重におっしゃったように、最近はとらえ方や研究の密度がずいぶん変わっているんじゃないかと思います。

ここ二〇年ほどのこととして二点ほど挙げておきたいのですが、一つは、この時代の「とらえにくさ」を正面から受け止めよう、というスタンスが一般化したということです。ここまで何度も話題になりましたが、室町時代とは、地域差が顕著で一地域の事例を一般化することが難しかったり、制度的・システム的なものでとらえにくかったりする時代です。つまりは、ものすごくわかりにくい時代……。でも、そのような難しさをもつ室町時代の独特なあり方自体を、まずはちゃんととらえていこうというふうになったわけですね。

もう一つが、史料にアプローチしやすくなったことです。過去についていろいろと調べる際には、情報源となる史料が何よりも大事ですが、それらは本来、必ずしも活字として刊行されているものばかりではありません。しかしここ二〇年ほどの間に、関係者の尽力によってそれらが続々と活字で刊行され、容易に手に取れるようになってきました。もちろん鎌倉時代のほうもそれ以上に進んではいるんですけど、そちらの場合は、鎌倉時代の文書を網羅しようとする『鎌倉遺文』という史料集がひとまず完結した一九九〇年代前後に、研究上の大きなピークがありました。そののち、じゃあその次の時代へ、となっている面があるように思います。さらに二〇一〇年代には、インターネット上で史料の画像を閲覧できるようになりましたが、このことも大きいですね。

このような研究条件の変化が、先ほど触れた考え方の転換みたいなものと重なって出てきたところに、本書のテーマである研究上の室町ブームの背景があるのかなと思っています。

中世史研究の未来

――中世史研究が今後進んでいくことでどんな意義があると考えられますか？

谷口　それこそ木下さんがおっしゃった「新しい権力観」というのは、歴史学であると同時に、他の学問・研究分野とも直結するような議論でもありますね。単に歴史学の内部だけにとどまらない、より広い話になってくるだろうと思います。

木下　権力の所在みたいなものはとても丁寧に汲み取っていかないといけないと思っていまして。「新しい権力観」のように権力性を否定しがちな論法に止まらず、隠れている権力性だとか、一見わからないけれどじつは権力性があるんじゃないかみたいなことを追求していくのは大事だと思っています。

山田　私は室町時代研究という立場から発言させていただきますが、通史でいうと、やっぱり南北朝や室町のあたりは、よくわからない時代というのが一般的なイメージなんじゃないかと思うんです。日本史研究者でも、他の時代を専門にする人から見たら、ようわからん、というイメージを持たれているケースはけっこう多いです。

たとえば、私の周辺には平安・鎌倉を地続きの時代と理解しつつ、連続的に研究される方が結構おられるのですが、そのような方々からは南北朝時代の途中、だいたい観応《かんのう》の擾乱《じょうらん》（一三五一～）以降から、急に平安以降の感覚でとらえにくくなるんだと聞いています。鎌倉時代にはまだ残っていた公家政権が、独自に機能しなくなるという点が大きいようです。

また一方で、戦国時代の分立のなかから統一権力が登場して、江戸時代を迎える……という流れが強調されることも多いわけですが、そういうなかで「今の日本を知るために日本の歴史を研究するには、応仁の乱以後で十分である」とかいう近代人の発言が安易に引用されてしまう傾向もあるようです。室町時代というのは、そういう前と後ろの時代に挟まれて、通史のうえで扱いづらい存在になっているような印象を受けています。

ですが私は、そういう時代だからこそ、この時代の研究が進展すること自体に、日本史の通史的把握に資するような面があるのだと思います。だからこそ、この時代が前後の時代とどう繋がるのかという点を強く意識しながら研究していくことがすごく大事なんだと思いますし、逆にこの時代の独自性を強調するにしても、何がどう違うのかを少しずつ言語化していくことが必要なんだと思っています。

川口　私も同感です。今回谷口さんがまとめられた首都と地方の関係や、先ほど述べた制度以外の側面によって成り立っている緩やかな統合といった点は、改めて前後の時代のなかで考えていく必要があると考えています。

――この新しい潮流がいつごろ一般的な理解となっていくのか気になりますが、川口先生、この辺りは今回の執筆のために教科書をご覧になってみていかがでしたか?

川口　前提として断っておかないといけないのは、今は高校で日本史が必修ではないということです。日本史研究者は「教科書的理解」という言葉を使う方が多いように思いますが、恐らくシェアの高い山川出版社の日本史Bの教科書などを念頭に置いているのではないでしょうか。ところが、高校の日本史教科書を読んでいる人はそもそも限られているわけです。今回、私が中学校の歴史分野教科書の引用から始めたのは、そういった点を意識したからですね。

そのうえで今回感じたのは、中学校の教科書でもやっぱり記述はいろいろと変わっているということです。たとえば二〇二一年度の中学校の教科書では、室町時代の守護が京都に集住して、幕府が東北や九州のほうを直接支配しようとしなかったという記述が、出版社によっては反映されているものもある。部分的に研究成果が反映され、教科書の叙述も変わってきています。歴史研究にかかわるものとしては、やはり小学校も含めて、中学校・高校の教科書叙述の動向に目を配る必要があると改めて感じたところです。

ただ、当然ですが、読者が最新の教科書を把握しているわけではないということも、書き手としては意識しなければならない。教科書自体は少しずつ変わってきてはいますが、それがさらに一般的な「常識」にまでなるにはかなり時間がかかると考えたほうがいいでしょうね。もちろん、新しい議論を解明していく研究書・研究論文と、最大公約数的な内容を記述しなければならない教科書では、役割が異なるというのもあります。

谷口　教科書以外でいうと、やはり古い勢力が打倒されて、新しい勢力が次々と出てくるというような古典的な図式はわかりやすいですからね。そうしたドラマやストーリーは、たしかに魅力的です。だからこそ、最前線にいる研究者が、最新の研究の流れをきちんとまとめて世に送り出していく意義はすごくあるように思います。

――ありがとうございます。それではこんなところでみなさんの座談会を締めさせていただければと思います。長時間ありがとうございました。

執筆者プロフィール

山田徹（やまだとおる）
1980年、福岡県生まれ。同志社大学准教授。京都大学大学院文学研究科博士後期課程研究指導認定退学。博士（文学）。著書に『京都の中世史　第4巻　南北朝内乱と京都』（吉川弘文館、2021年）、論文に「室町領主社会の形成と武家勢力」（『ヒストリア』223号、2010年）、「土岐頼康と応安の政変」（『日本歴史』769号、2012年）など。

谷口雄太（たにぐちゆうた）
1984年、兵庫県生まれ。東京大学文学部研究員。東京大学大学院人文社会系研究科博士課程単位取得満期退学。博士（文学）。著書に『中世足利氏の血統と権威』（吉川弘文館、2019年）、『〈武家の王〉足利氏―戦国大名と足利的秩序―』（吉川弘文館、2021年）、『分裂と統合で読む日本中世史』（山川出版社、2021年）など。

木下竜馬（きのしたりょうま）
1987年、東京都生まれ。東京大学史料編纂所助教。東京大学大学院人文社会系研究科日本文化研究専攻日本史学専門分野修士課程修了。主な論文に「武家への挙状、武家の挙状―鎌倉幕府と裁判における口入的要素―」（『史学雑誌』128編1号、2019年）、「鎌倉幕府による裁許の本所申入」（『日本歴史』832号、2017年）など。

川口成人（かわぐちなると）
1989年、岡山県生まれ。京都府立京都学・歴彩館京都学推進研究員を経て、2022年4月より日本学術振興会特別研究員（PD）。京都府立大学大学院文学研究科史学専攻博士後期課程修了。博士（歴史学）。主な論文に「室町期の大名被官と都鄙の文化的活動」（芳澤元編『室町文化の座標軸―遣明船時代の列島と文事―』勉誠出版、2021年）、「都鄙関係からみた室町時代政治史の展望」（『日本史研究』712号、2021年）など。

山田徹（やまだとおる）

1980年、福岡県生まれ。同志社大学文学部准教授。

谷口雄太（たにぐちゆうた）

1984年、兵庫県生まれ。東京大学文学部研究員。

木下竜馬（きのしたりょうま）

1987年、東京都生まれ。東京大学史料編纂所助教。

川口成人（かわぐちなると）

1989年、岡山県生まれ。京都府立京都学・歴彩館京都学推進研究員。2022年4月より日本学術振興会特別研究員（PD）。

鎌倉幕府《かまくらばくふ》と室町幕府《むろまちばくふ》

最新研究《さいしんけんきゅう》でわかった実像《じつぞう》

2022年3月30日初版1刷発行

著　者――山田徹　谷口雄太
　　　　　木下竜馬　川口成人

発行者――田邉浩司

装　幀――アラン・チャン

印刷所――萩原印刷

製本所――ナショナル製本

発行所――株式会社光文社
東京都文京区音羽1-16-6（〒112-8011）
https://www.kobunsha.com/

電　話――編集部03（5395）8289　書籍販売部03（5395）8116
業務部03（5395）8125

メール――sinsyo@kobunsha.com

 ISBN 978-4-334-04594-4

1177
田舎はいやらしい
地域活性化は本当に必要か？
花房尚作

「地域活性化は正しい」――これは都会に住む者の勝手な思い込みでは？　過疎地域在住12年の著者が、現地での調査やインタビューをもとに過疎地域の〝本音と建前〟を鋭く描き出す。

978-4-334-04588-3

1178
ルポ 座間9人殺害事件
被害者はなぜ引き寄せられたのか
渋井哲也

判決から1年――。わずか2カ月で9人が犠牲になった「座間9人殺害事件」はなぜ起きたのか。若者の生きづらさを長年取材してきた著者が、被害者の心情にも迫りながら再検証する。

978-4-334-04586-9

1179
メタバースとは何か
ネット上の「もう一つの世界」
岡嶋裕史

フェイスブックはなぜ「メタ（Ｍｅｔａ）」に社名変更したのか？　ＩＴのわかりやすい解説に定評のある著者が、話題の「メタバース」の基礎から未来の可能性までを語る。

978-4-334-04584-5

1180
「非会社員」の知られざる稼ぎ方
村田らむ

これまでにないジャンルに根を張って、長年自営で生活している人がいる。自分で敷いたレールの上にあるマネタイズ方法を、特殊分野で自営を続けるライター・村田らむが紡ぐ。

978-4-334-04587-6

1181
「廃炉」という幻想
福島第一原発、本当の物語
吉野実

増え続ける処理水、不可能に近いデブリ取り出し、行く先のない事故炉の廃棄物…なぜ国や東電は廃炉「できる」との幻想を広め続けるのか。長年の取材から「誰も触れない真実」に迫る。

978-4-334-04589-0

1182
サッカー店長の戦術入門
「ポジショナル」VS.「ストーミング」の未来
龍岡歩

ペップ、クロップ、ナーゲルスマン……。日々進化を続ける現代サッカーの行きつく先を、名将たちの知恵比べから読みとく。サッカー未経験、異色の戦術分析官による初の著書。

978-4-334-04590-6

1183
感染症としての文学と哲学
福嶋亮大

文学者や哲学者がいかに感染症＝病のイメージを自らの思考に取り入れてきたか。病とは人にとって何なのか。病気とともに生きてきた人間の一側面を鮮やかに切り取る病の文化史。

978-4-334-04591-3

1184
学校では学力が伸びない本当の理由
林純次

教育界のブラック化、教員の低レベル化、毒親の変異化、児童・生徒の二極化、カリキュラムのカオス化――8万部『残念な教員』著者による危機の教育論。より良い教育の実現のために。

978-4-334-04592-0

1185
歴史検証
なぜ日本の野党はダメなのか？
「自民党一強」を支える構造
倉山満

自民党の〝政権独占〟は「無能な野党」に支えられている――。民主政治の本来の姿とは何か。私たち有権者ができることは何か。政治を諦めないために憲政史家が歴史を遡って検証する。

978-4-334-04593-7

1186
鎌倉幕府と室町幕府
最新研究でわかった実像
山田徹　谷口雄太
木下竜馬　川口成人

従来の中世史の常識を覆す研究が次々と発表される昨今、新進気鋭の研究者四名が、最新の学説をまとめて二つの幕府の実像を明らかにする。すべての歴史愛好家注目の一冊。

978-4-334-04594-4

光文社新書

1187
中国が世界を牛耳る100の分野
日本はどう対応すべきか
高橋五郎

深まる米中対立。しかし、「一帯一路」をはじめ中国の現状を見れば、どちらが勝者かは一目瞭然だ。なぜここまで国力を伸ばせたのか。その源泉を中国研究40年の著者が明らかにする。

978-4-334-04595-1

1188
弱くても稼げます
シン・サッカークラブ経営論
小山淳　入山章栄
松田修一　阿久津聡

真に地域に密着し、安定と成長を実現する方程式はあるのか。サッカークラブを起ち上げ5年でJリーグ入りさせた起業家が、第一線の経営学者たちと語るスポーツ産業の未来地図。

978-4-334-04596-8

1189
「現代写真」の系譜
写真家たちの肉声から辿る
圓井義典

私たちはさまざまなジャンルの写真に囲まれて暮らしている。本書では「現代写真」に着目し、日本を代表する写真家たちが何を模索し、何を語ってきたのかを辿ることで流れを一望する。

978-4-334-04597-5

1190
ネットで故人の声を聴け
死にゆく人々の本音
古田雄介

故人が生前残したブログやHP、SNSからは死に際しての隠せぬ本音が見え隠れする。故人がインターネットに残した足跡とどう向き合うべきか？　15の事例から迫っていく。

978-4-334-04598-2

1191
女性自衛官
キャリア、自分らしさと任務遂行
上野友子
武石恵美子

「命を懸けてでもこの国を守る」と誓う傍ら、母親として家族も守る自衛官たちが見出した、究極のワークライフバランスとは？　女性自衛官の生の声にみる新・女性キャリア論。

978-4-334-04599-9